D1136538

TOUT DOIT DISPARAÎTRE

GAÉTAN BRETON

TOUT DOIT DISPARAÎTRE

PARTENARIATS PUBLIC-PRIVÉ
ET
LIQUIDATION DES SERVICES PUBLICS

Dans la même collection :

Gaétan BRETON, *Faire payer les pauvres. Éléments pour une fiscalité progressiste*

Photo de la couverture : Daredjane ASSATHIANY

© Lux Éditeur, 2005
www.luxediteur.com

Dépôt légal : 4ᵉ trimestre 2005
Bibliothèque nationale du Canada
Bibliothèque nationale du Québec
ISBN 2-895960-28-3

Ouvrage publié avec le concours du Conseil des arts du Canada,
du programme de crédit d'impôts du gouvernement du Québec et de la SODEC.

Chapitre 1

Introduction

AVEC LES DISPOSITIONS de la Loi 61 (Loi sur l'Agence des partenariats public-privé du Québec) et de la Loi 62 (Loi sur les compétences municipales), les partenariats public-privé (PPP) sont sur toutes les lèvres. Bien que tout le monde en parle, les définitions claires sont plus difficiles à trouver. En fait, les partenariats public-privé, au sens large du terme, existent depuis toujours et la forme qu'on veut leur donner n'est aucunement nouvelle. Mais la place qu'on veut leur conférer prend une ampleur sans précédent, créant un nouveau rapport entre les projets mis en œuvre et opérés sous la responsabilité de l'État et ceux sous le contrôle, direct ou indirect, de l'entreprise privée.

1.1. Une offensive pour la réduction de l'État

Le principal danger du projet des PPP tient au fait qu'il s'insère dans un courant de pensée qui prône la réduction drastique de la taille de l'État et son remplacement par des initiatives privées. Le secteur privé s'est rendu compte de l'énorme potentiel financier que représentent les services publics. De fait, historiquement, le secteur privé avait déjà exploité ce potentiel. La grande majorité des services aujourd'hui reconnus publics a très souvent commencé à être dispensée à partir d'initiatives privées, qu'elles aient été charitables, comme dans le cas des institutions hospitalières, ou qu'elles aient eu un but lucratif. Si les services d'eau de Montréal sont devenus publics, c'est parce que le niveau de qualité de l'eau était trop bas et que des maladies infectieuses se déclaraient trop souvent. La situation a été assez semblable dans plusieurs endroits du globe. Si l'éducation est devenue publique, c'est que l'entreprise privée ne trouvait pas rentable de fournir des écoles à une clientèle plus large que celle qu'elle desservait déjà. L'entreprise privée avait néanmoins besoin que la possession de certains savoirs fondamentaux (lire, écrire et compter) se généralise. Maintenant, les entreprises ont trouvé un nouveau système pour rentabiliser ces activités : elles demandent le même prix à tous et ceux qui ne sont pas capables de payer deviennent alors éligibles à des subsides de l'État. Ce n'est donc plus le vieux système de l'entreprise privée qu'on nous propose, c'est une entreprise privée qui vit à travers l'État, les mains bien enfoncées dans les coffres publics, finançant ses profits à même les taxes perçues par cet État. Moins d'État, certes, mais il doit en rester assez pour faire passer les taxes des citoyens dans les goussets des entreprises.

L'entreprise a conclu qu'il était temps que toutes ces taxes cessent de servir stupidement à donner des services à la population et qu'elles pourraient être bien mieux utilisées une fois transformées en profit. Les PPP ne sont qu'un moyen parmi tous ceux mis en œuvre actuellement dans le monde par les entreprises pour faire main basse sur ce qui leur échappait encore.

Nous voulons montrer, dans ce texte, que des obstacles majeurs s'opposent à l'utilisation de la formule des PPP. Le premier de ces obstacles découle du fait que les soi-disant théories sur lesquelles se base la privatisation tiennent essentiellement de l'idéologie et non pas de la rigueur scientifique. Tous les courants de pensée qui s'appuient sur ces idéologies distillent des analyses biaisées de la réalité. Le deuxième obstacle est la sujétion des gouvernements à l'entreprise privée. Même si on se laissait convaincre par l'argument selon lequel l'entreprise privée est plus efficace que l'entreprise publique, on ne peut accepter que l'État soit manipulé pour profiter de manière indue au secteur privé.

Enfin, dans la pratique, on ne peut que conclure que la formule ne fonctionne pas. Au-delà d'une certaine période, tous les cas s'avèrent désastreux. La plus grande cause de ces échecs demeure, quant à nous, la faiblesse des gouvernements et leur sujétion au monde des affaires.

1.1.1. La mondialisation

La mondialisation est un processus qui tend à faire des entreprises des entités au-dessus des États, ce qui augure bien pour les partenariats et la capacité du gouvernement à les contrôler. Ce procédé se fait dans une absence de bruit et de débat. Par exemple, le Canada a signé l'Accord de libre-échange nord-américain (ALENA) sans que les citoyens aient véritablement eu accès à l'information nécessaire et se soient prononcés sur la question. Notons, au passage, que l'Assemblée nationale du Québec a aussi voté la ratification de ce traité. Le gouvernement fédéral, en signant ce traité, a abandonné une partie de sa souveraineté au profit d'un organisme international, le tribunal de l'ALENA, qui n'a aucune légitimité démocratique. Or, le pouvoir du gouvernement fédéral lui vient du peuple, ce qui revient à dire que le gouvernement a remis entre des mains privées une partie des pouvoirs que le peuple lui avait confiés et ceci, sans lui demander formellement son accord. C'est un processus hautement antidémocratique dont l'aboutissement est la disparition des États tels que nous les concevons [1]. Dans cette optique, il serait intéres-

---

1. Le GATT (General Agreement on Tariffs and Trade), bien que dangereux, possédait, en tant qu'organisme des Nations Unies, un certain caractère démocratique. En devenant l'OMC (Organisation mondiale du commerce), cet organisme s'est mué en organisation privée qui regroupe encore des pays, mais sur une base qui n'est plus régulée par l'ONU et dont la qualité démocratique des processus laisse à désirer. Dans les faits, l'OMC est un puissant instrument de domination des pays du Nord sur ceux du Sud. De la même façon, l'IASB (International Accounting Standard Board) qui regroupait des organismes comptables d'une kyrielle de pays afin de proposer un ensemble de normes comptables internationales, est devenu l'IASC (International Accounting Standard Committee), une fondation privée qui fabrique des normes internationales, sans comptes à rendre.

sant de voir ces traités contestés sur cette base devant la Cour suprême.

La diminution de l'implication de l'État dans la prestation des services publics est un avatar de ces traités. Le changement des organismes ayant un caractère public en organismes privés instaure une nouvelle gouvernance mondiale aux connotations largement négatives.

> Ce nouvel ordre mondial se nourrit de la pauvreté et de la destruction de l'environnement. Il engendre la ségrégation sociale, encourage le racisme et les conflits ethniques et s'attaque aux droits des femmes. (Chossudovsky, 2004, p. 23)

Bien qu'opérée dans un silence quasi-formel, la mondialisation se fonde sur tout un ensemble de discours et d'interventions. Elle s'appuie notamment sur une psychose liée à l'emploi bien entretenue par les médias. Pendant la grande période de mises à pied qui a fait annoncer à Rifkin la fin du travail, on a convaincu les travailleurs et les chômeurs que le fait d'avoir un emploi était déjà une chance suffisante et qu'il ne fallait pas, en plus, demander des conditions de travail acceptables. Cette période a aussi été marquée par un recul des syndicats. La peur de perdre son emploi apparaît en filigrane dans le discours sur les PPP, puisqu'on nous présente l'arrivée du privé dans le secteur public comme un facteur de développement. Il faut ajouter que, dans les faits, partout où elle s'est produite, cette arrivée de l'entreprise privée a plutôt impliqué une diminution du nombre d'emplois.

Avec la peur liée à l'emploi, la production de données comptables servant à susciter la crainte vient interférer dans le processus démocratique. La mondialisation s'appuie sur une façon bien particulière de présenter les données comptables dans la société. Cette présentation est destinée à influencer les décisions collectives dans le sens de la privatisation. La mondialisation implique la diminution, voire la disparition des États. Le pouvoir d'intervention des élus diminue de plus en plus (Martin et Schumann, 1997, p. 22). En revanche, la corruption de ces derniers ne va pas en diminuant.

> Avant l'ALENA, nous pensions que les entreprises pouvaient seulement acheter les gouvernements du Sud. Maintenant, nous constatons qu'elles peuvent aussi acheter ceux du Nord. (Ignacio Peon Escalante, cité par Korten, 1995, p. 141, notre traduction)

Cette corruption permet aux entreprises de mettre la main sur les activités de l'État d'une façon qui leur ouvre la voie pour réaliser le plus de profits possibles en courant le moins de risques. Voilà l'une des raisons qui rendent le projet des PPP si peu convaincant.

Aux États-Unis, la démocratie et les relations entre les entreprises et les gouvernements ont pris un tour bien différent depuis quelques décennies. Les spécialistes du lobbying et des relations publiques y font des affaires florissantes.

> Le secteur industriel qui enregistre la plus forte croissance à Washington est celui des firmes privées de relations publiques et les instituts de politiques publiques, financées par des intérêts privés, occupées à la production de faits, d'opinions, d'analyses d'experts, de sondages et de sollicitation téléphonique ou postale pour créer un discours « citoyen » de revendication et construire l'image publique de leurs clients corporatifs. (Korten, 1995, p. 146, notre traduction)

On reconnaît ce qui se passe chez nous, bien qu'à une moindre échelle. De l'Institut C.D. Howe jusqu'aux sondeurs, la parole publique est de plus en plus réservée aux propagandistes d'intérêts privés déguisés en producteurs d'études neutres ou de sondages aux marges d'erreur de 3 % dans 95 % des cas.

Aux États-Unis, les 50 plus grandes firmes de relations publiques ont un chiffre d'affaires dépassant les 1,7 milliards de dollars US en 1991, presque 2,5 milliards en dollars canadiens. C'est plus que le déficit du Québec à la même époque. Toujours aux États-Unis, au début des années 1990, le secteur des relations publiques employait plus de 170 000 personnes, soit un chiffre de 30 % supérieur au nombre de journalistes présents sur le territoire états-unien (Korten, 1995, p. 146). Cette différence ne cesse d'augmenter.

Deux phénomènes que nous connaissons bien découlent de ces faits : premièrement, l'importance de plus en plus grande des communiqués de presse dans les nouvelles (les médias reproduisent le texte qui émane du bureau du Premier ministre, par exemple, au lieu de faire une analyse) et, conséquemment, le fait que nous soyons souvent plus conditionnés qu'informés. Ces éléments structurels ont des effets importants sur la qualité de la vie démocratique.

Le monde politique se déleste progressivement des instruments fondamentaux de la démocratie pour les remplacer par des supposées relations directes avec la population mais médiatisées par les sondages, entre autres. Des chefs interchangeables, qu'aucune idée ne distingue plus, viennent diriger ces partis renouvelés qui n'en ont plus que le nom.

La mondialisation est en train de modifier profondément nos mœurs politiques en réduisant les espaces démocratiques. La politique, et ceux qui la font, sont devenus des biens de consommation mis en marché par des firmes spécialisées dans la vente de produits. Les outils de la démocratie : débats (on parle de vrais débats, pas de concours d'apparences aux résultats manipulés par les médias), équipes, programmes, partis, sont en train de disparaître pour ne laisser que le chef sous les feux des projecteurs. Or, on connaît le type de régime politique qui se caractérise par la présence d'un chef seul, sans équipe forte, et dont l'élection est basée sur des critères qui n'ont rien à voir avec la gestion d'un État – quand véritable élection il y a. (Nous faisons référence ici aux élections états-uniennes dont le degré de manipulation cadre mal avec la prétention de ce pays à incarner l'idéal démocratique.)

1.1.2. L'obsession du déficit zéro

La mondialisationse traduit partout par une standardisation des dépenses des États et une limitation de leur pouvoir de dépenser. Inutile de dire que nos ministres des finances, que ce soit MM. Landry, Séguin ou Audet, font partie de ceux qui ont contribué avec le plus d'enthousiasme à lier les mains des gouvernements et ceci bien avant leur dernière entrée au Parlement.

Cependant, le processus de diminution des activités de l'État était déjà commencé. Le dernier discours du budget péquiste reflète exactement cette façon de voir.

D'abord, il adhère totalement à la réduction du rôle de l'État. Cette réduction s'appelle, dans le jargon à la mode, « assainissement des finances publiques ». On peut y lire : « Assainir les finances publiques, une condition nécessaire à la création d'emploi » (Ministère des Finances, 1996, p. 7). Une des raisons de cet assainissement serait de relancer l'économie, donc l'emploi, sur des bases plus saines (c'est-à-dire, totalement capitalistes). Mais, malgré la réduction des services publics, il n'y a pas d'évidence qu'une réduction de l'État relance l'économie. Le seul instrument que les économistes possèdent pour générer de l'activité économique est de remettre de l'argent dans les mains des acheteurs potentiels en diminuant les impôts, par exemple. Cette vision étriquée et simpliste est de plus en plus remise en question, même chez les économistes, car les réductions d'impôts ne créent pas toujours de l'activité économique là où on l'attendait... quand elle en crée.

Or, il semble qu'aucune tentative d'assainissement des finances publiques n'ait jamais produit d'emploi. Au contraire, la réduction des effectifs de l'État a produit du chômage et ceci dans des proportions relativement importantes.

> Pour se procurer les ressources qui leur font défaut, ils démantèlent à tour de bras le secteur public – et feignent d'ignorer que les entreprises ainsi privatisées s'empresseront de jeter sur le pavé quelques centaines de milliers de chômeurs supplémentaires. (Julien, 1996, p. 19)

L'explication arrive : « [...] pour ce qui est des charges fiscales imposées plus directement aux entreprises, elles viennent diminuer la rentabilité de leurs investissements. » (Ministère des Finances, 1996, p. 7) Il s'agit donc de réduire le fardeau fiscal des entreprises, donc de réduire la redistribution d'une richesse qui continue pourtant d'être produite en dépit de l'augmentation du chômage. Or, ne l'oublions pas, pour un budget de dépenses donné, toute réduction de l'impôt des entreprises est un transfert de charge vers les ménages. Dans ces ménages, les plus riches sont épargnés par une série de mesures spéciales à l'usage des gros investisseurs et des revenus très élevés. Il ne reste donc que les moyens et petits contribuables pour payer la facture à travers les impôts, tandis que tous les citoyens sont soumis aux taxes régressives. Quand les citoyens ont atteint un niveau « plafond » de taxation, il ne reste qu'à réduire les dépenses de l'État. Et, effectivement, nous voyons se développer cette logique de la réduction de l'État permettant la réduction de la contribution des entreprises et des nantis. En France, comme chez nous, on constate que :

> [...] la politique suivie a systématiquement appauvri l'État en le dépouillant de ses moyens fiscaux de financement des interventions économiques et sociales. Ainsi la part des impôts d'État n'a cessé de diminuer passant de 17,6 % à 14,7 % du produit intérieur brut entre 1985 et 1995. (DeBrie, 1996, p. 15)

Pour réduire le déficit, on a écarté la voie d'une augmentation d'un revenu qu'on ne peut plus puiser chez la classe moyenne qui devient elle-même de plus en plus pauvre. On a donc choisi de « réduire le déficit, d'abord en réduisant les dépenses » (Ministère des Finances, 1996, p. 9). Les avantages fiscaux des entreprises sont, à toutes fins pratiques, conservés. Cependant, il faut noter un « bouquet » de mesures pour encourager la création de nouvelles entreprises, ce qui se situe dans le droit fil de la notion de nouvelle économie, dans laquelle chacun devient un petit entrepreneur, mesures qui sont cependant peu en accord avec une réduction du rôle de l'État. Il faut donc comprendre que les entreprises veulent un recul de l'État dans les secteurs qui les arrangent, mais pas dans celui des subsides.

Au niveau des particuliers, on ne touche aucunement aux abris fiscaux des mieux nantis, comme le plafond élevé de déduction pour les cotisations au Régime enregistré d'épargne-retraite (REER), par exemple, qu'on a encore haussé dans le budget 2005-2006. On s'attaque aux crédits d'impôt des personnes vivant seules et des personnes âgées ainsi qu'aux déductions pour cotisations syndicales et professionnelles.

Ainsi, la réduction massive des dépenses entraîne le désengagement de l'État de son rôle de redistributeur de la richesse générée dans l'économie – richesse qui continue d'être générée en dépit, et même à l'aide, du chômage. En effet, de plus en plus de richesse est créée avec de moins en moins de travailleurs. La richesse n'augmente donc plus avec le travail, mais souvent avec le chômage.

> Aux États-Unis, [...] la création de nouveaux emplois a chuté de 220 000 en juin 1996 à 193 000 en juillet, faisant passer le taux de chômage – officiel, mais en réalité très supérieur – de 5,3 % à 5,4 %. Pour décevant qu'il soit, ce résultat « réjouit Wall Street » où le Dow Jones gagne 70 points en une seule journée. [...] cette « moderne » logique avait déjà été illustrée par la hausse des actions du géant AT&T à l'annonce de 40 000 licenciements. (Julien, 1996)

Il semble que l'augmentation du chômage crée l'espoir sur le marché boursier. Serait-ce la perspective de profits non taxés, c'est-à-dire produits sans masse salariale, qui entraîne cet effet ? Au Québec, à tout le moins, la fiscalité n'a pas suivi l'évolution de la production et de la technologie et reste désespérément accrochée aux revenus des travailleurs.

Contrairement à ce qu'on tente de nous faire croire actuellement, pour justifier une décroissance extrême de l'État, les dépenses des gouvernements, à l'époque des déficits, n'étaient pas seulement des démonstrations de la folie des grandeurs des dirigeants et un gaspillage éhonté de fonds publics. Les dépenses, qui étaient souvent des investissements, ont servi à construire, d'une manière ou d'une autre, les infrastructures essentielles au développement économique. Elles ont aussi servi à soutenir des politiques assez cohérentes de développement qui ont donné des résultats tangibles.

> Le développement a été une grande entreprise paternaliste (« les pays riches développent les pays les plus arriérés ») qui a caractérisé les Trente Glorieuses

(1945-1975). Durant ces années de forte croissance, l'Occident a connu le « bien-être » de la société de consommation. Et les pays du tiers-monde ont récolté quelques miettes du festin, permettant de nourrir les nouvelles bourgeoisies des États nouvellement indépendants et leurs clientèles. Tout cela assurait une certaine cohésion nationale. Ce fut la belle époque du welfare state ou de l'État social.

Ce modèle ne s'est pas totalement écroulé. Ce qui s'est écroulé en revanche, ce sont les barrières qui protégeaient les classes populaires et qui constituaient la base de la « société salariale ». Toutefois, la logique fondamentale du système mondial n'a pas vraiment changé. Aujourd'hui, nous vivons à l'échelle mondiale la fin de cette brève parenthèse de bien-être social dont ma génération a pleinement bénéficié. Nous rentrons tout simplement dans la norme. Et celle-ci n'est pas réjouissante... (Latouche, 2003, p. 54-55)

Maintenant, on laisse se désagréger les infrastructures et la seule politique de développement qui nous reste consiste à arroser les riches en espérant qu'il en retombera un peu sur les pauvres. Non seulement les routes et les rues sont dans un état lamentable, mais la région de Montréal, par exemple, connaît un déficit d'infrastructures important. Ce serait sans doute un lieu privilégié pour essayer des méthodes altecentraliséeernatives de transport (tramways électriques modernes) plus conformes aux principes du développement durable (si on doit encore parler de développement), mais rien de tel n'est projeté : on préfère des PPP.

On paie pour créer des commerces, entreprises sans valeur ajoutée, qui entrent en compétition avec ceux qui existent déjà (Plan Paillé). De cette façon on ne règle pas le problème du chômage, on le déplace. Ce retrait de l'État, nous l'avons dit, passe par l'encouragement de ce que nous avons appelé la nouvelle économie. Cet encouragement se traduit, dans le budget, par un autre « bouquet » de mesures qui embaume le néolibéralisme et par des positions de base du genre : « L'État se doit de créer un environnement favorable au développement des PME, parce qu'elles sont les plus grandes créatrices d'emplois. » (Ministère des Finances,1996, p. 29) Pour ce faire, nous allons supprimer les « entraves injustifiées » et réduire les « irritants administratifs » et ainsi améliorer leur compétitivité. Ne lit-on pas aussi dans la « proposition principale » du Congrès du Parti québécois : « assurer la profitabilité des entreprises. » Comme nous pouvons le voir, la table était mise, les libéraux ne font que vider les plats. Ceci dit, quand nous parlons de néolibéralisme, il s'agit de la version mondaine qui déforme systématiquement les concepts économiques sous la conduite des journalistes.

> Par abus de termes, on invoque aujourd'hui l'existence d'une « nouvelle droite ». Or, non seulement n'y a-t-il rien de bien nouveau dans cette droite-là, mais surtout, ce qui était véritablement « nouveau » dans le libéralisme classique, c'était bien son ouverture sur une stratégie de l'interventionnisme étatique systématique. (Brunelle, 2000, p. 23)

Ce renversement discursif cache les mécanismes fondamentaux à l'œuvre. Par exemple, l'utilisation massive de main-d'œuvre par la petite et moyenne entreprise (PME), qui est toujours citée, ne saurait être que transitoire et pallier temporairement à un manque de capital. Si l'entreprise se développe, elle se dotera de la technologie qui mettra ses travailleurs à pied ; sinon, elle disparaîtra vraisemblablement. De plus, notre gouvernement et nos institutions coopératives nous l'ont dit dans l'affaire Vachon, grandir ou mourir, telle est la loi de l'entreprise. Nous n'avons pas bien compris pourquoi, mais on s'est bien gardé de fournir une explication, se contentant de scander le mantra, comme d'habitude.

L'obsession du déficit zéro s'est aussi matérialisée dans l'affaiblissement du filet social, dont il ne reste que quelques lambeaux bien insuffisants pour assurer la protection des laissés-pour-compte du développement économique. N'ayant plus besoin de travailleurs, les entreprises font pression sur l'État pour qu'il abandonne les chômeurs et les démunis à leur sort.

L'idéologie qui fait avancer les masses a aussi décidé que celles-ci plaçaient la consommation la plus large possible au-dessus de toutes les autres contingences et qu'elles étaient prêtes aux pires excès pour y arriver. Or, ce sont là les valeurs des entreprises et du capital, pas nécessairement celles des citoyens, même dans leur rôle de consommateurs.

> Pour le meilleur ou pour le pire, presque tous les pays sont poussés à s'intégrer au marché mondial. Cette tendance a été renforcée par la chute de plusieurs régimes communistes et par l'échec relatif des économies qui avaient opté pour une planification centralisée et un certain isolement. Même les consommateurs, qui réclament que l'on protège leur industrie ou leur emploi de la concurrence étrangère, veulent pouvoir acheter un modèle de voiture, de magnétoscope ou d'ordinateur produit à l'étranger. Peuple et gouvernements peuvent accuser un capitalisme apatride de les exploiter, ils veulent pourtant que des capitaux étrangers s'investissent chez eux. Ils comptent sur les entreprises transnationales pour créer des emplois ou transférer des technologies nouvelles chez eux. (Pestinau, 2000, p. 77)

On peut, par ailleurs, croire que si les enjeux étaient correctement mis sur la table, les citoyens choisiraient de se contenter de ce qui est produit chez eux. Bien sûr ils veulent qu'on protège leurs emplois, mais ce n'est pas vraiment contre la concurrence. C'est plutôt contre l'exploitation extrême des pays du tiersmonde et contre une délocalisation qui ne laisse que peu d'argent dans ces pays, alors qu'elle multiplie les profits des intermédiaires. La mondialisation a des effets désastreux sur l'emploi que ne saurait compenser une consommation de moins en moins accessible.

> En même temps, il est incontestable que sévit une crise mondiale de l'emploi et que les inégalités s'accentuent à l'intérieur des pays et entre les pays. Ces deux dernières décennies, la situation de l'emploi s'est dégradée dans la plupart des régions du monde. Beaucoup d'économies avancées, notamment en Europe, souffrent d'un chômage élevé persistant. Aux États-Unis, les niveaux d'emploi sont beaucoup plus élevés, mais les salaires réels des travailleurs des

industries manufacturières ont fortement diminué. (Breitenfellner, 2000, p. 100)

La dégradation des conditions d'emploi s'exprime, entre autre, par la réapparition de travailleurs pauvres, incapables malgré leur emploi de subvenir à tous leurs besoins de base. Les travailleurs de Wal-Mart aux États-Unis appartiennent à cette catégorie.

À ces ingrédients, on a ajouté une psychose de la dette, au point de lancer des idées aussi folles que de constituer un fonds avec les revenus de l'électricité pour éliminer la dette, en croyant se comparer au Heritage Fund de l'Alberta. Maintenant qu'on a bien déconsidéré l'État, les fonctionnaires, la gestion publique, la dette et les impôts, on est prêt à faire payer le citoyen encore plus mais sous des prétextes nobles : juste prix, concurrence, saine gestion privée. C'est dans ce climat que les PPP nous sont proposés. Même sans les exemples que nous citons plus loin, comment pourrions-nous y croire ?

1.2. Le potentiel des services publics

Le secteur de l'eau constitue un énorme secteur industriel dans le monde. Certaines évaluations prudentes estiment qu'il représente 300 milliards de dollars par an, alors que la banque mondiale va jusqu'à parler de 800 milliards de dollars.

Une importante partie des revenus des grandes multinationales de l'eau est assurée par leurs relations avec les institutions de développement international, comme la Banque mondiale ou le Fonds monétaire international (FMI).

Dans le secteur des prisons, les bénéfices potentiels sont énormes. Ce qu'on appelle atelier, dans une prison, est en fait une usine dans laquelle on peut produire une série de biens de consommation. Avec une main-d'œuvre disponible 24 heures sur 24 et qui ne coûte pas cher, on peut produire bien en dessous du prix du marché, brisant la concurrence et détruisant la structure salariale de toute une région, d'autant que les frais de subsistance de cette ain-d'œuvre sont payés par l'État.

Dans le secteur des écoles, on peut faire payer des équipements informatiques sophistiqués au gouvernement et s'en servir, en dehors des heures de cours, pour donner des cours privés extrêmement rentables.

Ailleurs, on peut opérer un système de transport en commun dont les prix deviendront des entraves au développement local et régional. Les possibilités de s'enrichir à partir des taxes et des impôts sont multiples et les entreprises semblent bien décidées à les utiliser.

Le secteur des services considérés comme publics représente un immense potentiel de profits pour les entreprises privées. Tous les secteurs peuvent, moyennant un peu d'imagination et un effort de mise en place, se ranger parmi les sources de revenus. Même l'aide sociale peut être administrée par des entreprises privées qui y prendront leur profit [2], surtout si les informations des dossiers sont numérisées et possiblement étudiées aux Indes, par des employés sous-payés. (Certaines multinationales ont déjà délocalisé une partie de leur comptabilité vers les Indes ; c'était le cas de Swissair.)

1.3. Repenser le rôle de l'État

La mise en place d'une structure pour favoriser les PPP participe d'une reformulation radicale du fonctionnement de l'État et de son rôle envers les citoyens.

Le plaidoyer sur la supériorité du secteur privé demeure fortement subjectif. Il est basé sur des théories dont la faiblesse étonne. La théorie des droits de propriété (Alchian et Demsetz, 1973) prétend que leur attribution à des propriétaires identifiés clairement est propice à limiter le gaspillage et que tout bien public est

---

2. Dans « Bowling for Columbine » de Michael Moore, on voit un système d'aide sociale géré par l'entreprise privée. Les prestataires doivent voyager trois heures par jour pour aller travailler à rabais pour des entreprises très profitables. Même en occupant deux emplois, ils n'arrivent pas à payer le loyer.

susceptible d'être accaparé gratuitement par des passagers clandestins « free riders », qui vont utiliser le bien sans payer leur juste part et, en conséquence, qui n'auront pas le souci de le préserver et de l'économiser. L'existence des droits de propriété, et leur caractère transférable, c'est-à-dire échangeable sur un marché, permettraient de discipliner l'usage qui est fait des biens subordonnés à ces droits. Il y a évidemment, derrière ces façons de voir, une vision paternaliste et corollairement infantilisante de l'être humain. Les humains ne font jamais rien de bon sauf s'ils ont une motivation pour ce faire, cette motivation étant toujours, *homo œconomicus* oblige, mesurée en termes d'avantages financiers (unités supplémentaires de consommation). On doit comprendre que, dans les termes de la théorie économique, le droit de propriété n'est pas un droit fondamental avec lequel il faut s'arranger. Le but de tout système économique est la meilleure allocation des ressources, c'est-à-dire la production optimale de richesses en utilisant le moins de ressources possible. On prétend que la propriété privée irait dans ce sens et limiterait le gaspillage. Le fait que les moyens de production et les ressources soient privés ferait que leur usage serait fortement surveillé et encadré, alors que la propriété publique entraînerait des abus puisque personne ne s'en sentirait responsable. Ajoutons, au passage, que cette façon de voir les choses n'est pas du tout démontrée par les économistes. Pour les spécialistes de ces questions, il n'y a aucune attribution optimale des droits de propriété, c'est-à-dire acune façon de distribuer les droits de propriété (privés ou publics) qui produirait d'emblée plus de richesses. Laffont et Tirole (1994), au lieu de prendre des modèles purement abstraits, introduisent des éléments de la réalité, par exemple que toutes les firmes privées sont réglementées dans nos sociétés. Leurs conclusions ne permettent pas de dire que les entreprises privées sont meilleures que les entreprises publiques, invalidant ainsi l'idée selon laquelle la privatisation de la propriété est un facteur d'efficience dans la production de la richesse. Bozec, Breton et Côté (2002) trouvent que, si on prend en considération les différences d'objectifs, les entreprises appartenant à l'État sont aussi efficientes que les entreprises privées et selon les critères propres à ces dernières. La « théorie du canard boiteux » ne semble reposer que sur le discours idéologique de ceux qui la répandent.

La théorie des choix publics (Niskanen, 1971) suppose que les élus ne pensent qu'à se faire réélire et que, pour ce faire, ils seront prêts, par exemple, à multiplier les emplois inutiles dans la fonction publique. Cette théorie prétend également que les dirigeants des entreprises publiques ne pensent qu'à augmenter leur pouvoir et leur prestige en augmentant la quantité de ressources qu'ils contrôlent. L'idée que le moyen privilégié par les politiciens pour assurer leur réélection est la création d'emplois en surnombre dans la fonction publique (Boycko, Sleifer et Vishny, 1996) est outrageusement exagérée, comme en fait foi l'inefficacité d'une telle pratique. Pour un politicien, il est grandement plus productif de donner une grosse subvention à un entrepreneur qui menace de fermer son usine. Il apparaîtra ainsi comme le sauveur de centaines d'emplois d'un seul coup au lieu d'en créer quelques-uns dans le secteur public. Plus encore, il satisfera un entrepreneur et pourra aussi recevoir quelques contributions pour sa campagne électorale. L'efficacité des deux méthodes n'est pas comparable et nous savons tous laquelle est la plus utilisée ces temps-ci. Le problème de la théorie des choix publics est aussi l'extrême simplification des modèles économiques sur lesquels elle se base.

La théorie de l'agence (Jensen et Meckling, 1976) vient ajouter l'élément final. Partant de la différence fondamentale entre les objectifs des actionnaires et des dirigeants des entreprises, cette théorie prétend que pour que les dirigeants poursuivent les mêmes intérêts que les actionnaires, il faut procéder à un alignement de ces intérêts, rapprocher le plus possible les courbes d'utilité [3] des deux groupes. Comme d'habitude dans les théories à saveur économique, les groupes sont réputés avoir des préférences homogènes (tout le monde veut la même chose). Pour aligner ces intérêts on procédera d'une manière toute simple : on transformera les dirigeants en actionnaires, c'est-à-dire qu'on

---

3. La courbe d'utilité est sensée représenter les choix des individus à leur point d'interchangeabilité. Évidemment, bien des éléments essentiels mais intangibles (l'amour, le pouvoir), échappent à ces calculs.

leur octroiera une rémunération proportionnelle établie selon une ou des mesures de leur rendement (le bénéfice, par exemple). Cette rémunération fut d'abord un simple bonus, mais le système s'est sophistiqué et les options d'achat d'actions ont remplacé les primes. Croire que le gestionnaire ne fera rien de bon s'il n'a pas une rémunération proportionnelle et des intérêts matériels communs avec ceux des actionnaires implique au moins deux idées importantes : 1° les gestionnaires du secteur public, qui n'ont pas de rémunération proportionnelle, ne feront jamais rien (vous reconnaissez la rengaine), 2° les autres employés de la firme, qui n'ont pas de rémunération proportionnelle, doivent être étroitement surveillés et menés à la baguette.

Vous reconnaissez aussi, dans les faramineux revenus des dirigeants d'entreprises qui réalisent parfois des centaines de millions (disons des dizaines au Canada) de dollars de bénéfices sur leurs options, l'application de cette théorie. Elle a été tellement populaire que même le secteur public a cherché des moyens d'appliquer ce modèle de rémunération. Évidemment, dans le secteur privé, l'extraordinaire niveau des rémunérations qui ne fonctionnent que dans un sens (quand les profits augmentent, elles augmentent, elles ne redescendent jamais) commence à laisser plus d'un actionnaire perplexe et parfois même enragé. L'extraordinaire réductionnisme dont fait preuve cette théorie est trop peu souvent souligné. Cependant, toute une conception de la gestion publique en découle et s'insinue dans l'esprit des gens à travers un discours dérivé, simplifié et malheureusement simpliste.

Ainsi, ces théories ont une tendance à ne considérer qu'un seul côté des choses et à affirmer sans démontrer. C'est aussi ce que disait Roy Romanov, ancien Premier ministre de la Saskatchewan, dans le rapport de la Commission sur l'avenir des soins de santé au Canada, qu'il présidait :

> Au début de mon mandat, j'ai invité les personnes qui prônent des solutions radicales pour réformer les soins de santé – le ticket modérateur, les comptes d'épargne pour les soins médicaux, l'élimination de certains services de la liste des services assurés, un plus grand recours au secteur privé, la création d'un système privé

parallèle – à m'apporter des preuves démontrant que ces approches contribueraient à améliorer et à renforcer notre système de santé. Ces preuves ne m'ont pas été présentées. J'ai également examiné soigneusement les expériences tentées par certaines provinces ou territoires en ce qui concerne la participation aux coûts et les partenariats entre les secteurs public et privé et j'ai constaté que les résultats obtenus laissaient à désirer. Rien ne prouve que ces solutions permettront d'offrir de meilleurs soins ou des soins à moindre coût, ni d'améliorer l'accès (sauf peut-être pour ceux qui ont les moyens de payer les soins de leur poche). Plus précisément, les principes sur lesquels reposent ces solutions ne cadrent ni avec les valeurs qui sont au cœur du régime d'assurance-santé, ni avec les prémisses de la Loi canadienne sur la santé, que les Canadiens appuient de façon massive. Il serait irresponsable de ma part de mettre en péril ce qui a été, et ce qui demeure, un système de santé de calibre mondial et un symbole national dont nous sommes fiers en acceptant des anecdotes comme des faits ou en faisant simplement un « acte de foi ». (APTS, 2004, p. 8)

Les preuves n'ont pas été apportées à la Commission Romanov parce qu'elles n'existent pas. Toutes ces théories sont de l'idéologie à l'état pur. Au Québec, la présidente du Conseil du trésor applique les mêmes méthodes et nous propose des anecdotes tronquées, des propos tendancieux et des « actes de foi ». Ses choix étant déjà faits, il ne lui reste plus qu'à manipuler l'opinion publique pour les faire accepter.

La « réingéniérie » est une de ces propositions qui ont été constituées à partir d'un matériel ancien dont l'originalité est fortement douteuse.

Les prétentions sont donc particulièrement élevées : rien de moins que des gains spectaculaires attendent ceux qui préconisent la réingéniérie. Dans de telles circonstances, et d'autant plus que la remise en cause est fondamentale et la redéfinition radicale, n'est-on pas en droit de s'attendre à une innovation théorique majeure qui romprait avec les courants antérieurs de la pensée managérielle, qu'il s'agisse de l'organisation scientifique du travail (taylorisme), de l'école des relations humaines, du courant de la qualité totale ou de l'organisation apprenante? Or, qu'en est-il au juste? Par-delà cette définition générale et imprécise, quels sont les éléments concrets auxquel renvoie la réingéniérie? [...] On mentionne d'abord les chargés de cas, les équipes de cas, les compressions verticale et horizontale, la gestion participative, le réapprovisionnement continu, le regroupement de plusieurs postes en un seul, le partage du pouvoir décisionnel avec les salariés, les processus à versions multiples, la réduction des vérificateurs et des contrôles et, enfin, le fonctionnement hybride, c'est-à-dire à la fois centralisé et décentralisé. Et ce n'est pas tout. La réingéniérie insiste aussi sur la responsabilité et l'autonomie des employés. On nous y explique que la rémunération des employés n'est plus liée à la performance mais à l'aptitude, que les gestionnaires cessent d'être des superviseurs pour devenir des animateurs et des mentors, que les niveaux hiérarchiques doivent diminuer et l'organigramme s'aplatir et, surtout, que les hauts dirigeants passent du statut d'arbitre à celui de leader. Le lecteur initié à la littérature gestionnaire, ou à tout le moins à celle sur la gestion de la qualité, voit tout de suite que rien de tout cela n'est vraiment nouveau. Alors que les chargés de cas et les équipes de cas renvoient à l'élargissement des tâches et au travail en cellule, les compressions verticale et horizontale ne sont rien de plus que la débureaucratisation, et l'approvisionnement continu n'est rien d'autre que le juste-à-temps. Gestion participative, partage du pouvoir décisionnel, responsabilisation et autonomie des employés font partie du discours sur le management dit renouvelé depuis déjà plusieurs années. En fait, [...] pris individuellement ou ensemble, aucun des éléments constitutifs de la réingéniérie n'est nouveau, ni novateur [...]. La réingéniérie possède tous les attributs

> d'un anachronisme dans l'histoire des études managé-
> riales. (Rouillard *et al.*, 2004, p. 54-56)

Ces éléments sont un ramassis de morceaux pompés dans les théories les plus importantes de l'administration des dernières décennies. Avec ça, on prétend révolutionner la gestion de l'État. Évidemment, cette gestion se révolutionne toujours sur le mode de l'entreprise privée devenue le modèle idéal d'une gestion qu'on appelle maintenant, pompeusement, la gouvernance.

Ce degré d'excellence dans la gestion n'a pourtant pas d'explication théorique développée. On est bon d'office et, nous pourrions dire, naturellement, quand on gère des biens qui nous appartiennent ou sous le contrôle de ceux à qui ils appartiennent. Bref, la propriété confère la compétence automatique et l'absence de propriété enlève toute motivation et condamne le secteur public à être géré par les laissés-pour-compte du secteur privé, par ceux qui n'étaient pas assez bon pour réussir dans le privé. Comme nous le voyons, le discours officiel a sombré en pleine idéologie.

> En effet, notre analyse des principaux éléments consti-
> tutifs de la démarche de réingéniérie, telle que défi-
> nie et expliquée dans le « Guide à l'intention des
> ministères et organismes », montre que celle-ci est
> d'abord et avant tout un exercice fortement idéo-
> logique, d'autant plus tendancieux qu'il se réclame
> d'une rationalité managérielle et gomme la dyna-
> mique politique. (Rouillard *et al.*, 2004, p. 64)

Évidemment, la dimension politique est gommée. Déjà que toutes les théories managériales (ou presque) se contentent de voir l'État comme une source de pressions sur la pauvre entreprise. On refuse de voir le monde de l'entreprise comme un réseau qui travaille dans le même sens, mais surtout on refuse de voir le pouvoir exercé par les dirigeants d'entreprises importantes sur les dirigeants des gouvernements. Un partenariat entre des entreprises et le gouvernement ne peut pourtant pas échapper à la mise en œuvre des moyens d'influence qui existent entre les deux groupes et, conséquemment, à une certaine déviation des buts avoués d'un tel processus. De ce fait, rien dans un tel processus ne peut échapper au politique et à l'idéologie :

> Les enjeux de la réingéniérie de l'État québécois sont donc de nature proprement politique et la dimension partisane et idéologique de l'exercice est manifeste. Faut-il d'ailleurs se surprendre que cette démarche soit un exercice politique à forte connotation idéologique quand la présidente du Secrétariat du Conseil du trésor elle-même avance que : « À vouloir s'occuper de tout, l'État québécois n'arrive pas à bien s'occuper de quoi que ce soit. » Peut-on imaginer un biais anti-étatiste plus explicite ? ((Rouillard *et al.*, 2004, p. 68)

Mais le but du gouvernement Charest est de transformer le Québec en filiale de Lavallin, et il est bien parti pour arriver à ses fins. Les grandes firmes privées de consultants ont été sélectionnées dès 2003 pour établir les paramètres qui vont servir à analyser les projets. Ce sont donc des firmes privées qui vont recommander, à une ministre vendue à l'idée (c'est peu dire), les projets qui seront acceptés. Les acteurs internes sont écartés du processus, leur appartenance à la fonction publique les rendent d'ailleurs, aux yeux de la présidente du Conseil du trésor, suspects d'inefficacité et de toutes les autres tares qui affligent d'office les employés de l'État. Le programme des PPP vient alors s'insérer au milieu d'un double déterminisme : profiter de l'efficacité congénitale du privé et limiter les effets désastreux de l'inefficacité inhérente au public. Comment avons-nous pu mettre l'État dans les mains de gens dont l'idéologie est de le détruire ?

1.4. L'entreprise n'est jamais privée

L'entreprise privée, dans nos sociétés, est organisée sous la forme de firmes, des corporations dont les titres se transigent de manière privée ou à travers les différentes bourses.

> Dans toute société, l'économie est l'institution sociale responsable de l'organisation de la production et de la distribution des biens et des services. Aux États-Unis et dans plusieurs autres pays occidentaux, cette fonction économique est accomplie prioritairement à travers l'entreprise ou la firme privée. (Wood, 1990, p. 12, notre traduction)

Dans un tel contexte, la société précède la firme ou toute autre forme d'organisation économique. L'existence d'une organisation économique requiert la présence d'au moins deux personnes impliquées dans une activité d'échange. Donc, toute organisation économique nécessite l'existence d'une forme minimale de société.

Comme tout système économique émane d'une société et que l'entreprise est une institution économique dans un système donné, un corollaire est que l'entreprise reçoit sa légitimité de la société qui a investi à plusieurs niveaux : les infrastructures, l'éducation des travailleurs, les incitatifs fiscaux, etc.

> De telles organisations, qui existent par l'accord général de la communauté, reçoivent des privilèges spéciaux tant légaux qu'opérationnels. Elles entrent en compétition pour les ressources humaines et matérielles ainsi que pour l'énergie et utilisent les actifs de la communauté comme les routes et les ports. (Accounting Steering Committee, 1975, p. 25, notre traduction)

Il existe un contrat entre l'entreprise et la société, au sens rousseauiste du terme. D'une certaine manière, le contrat est explicite ; par exemple, les chartes des compagnies sont émises par les gouvernements et pendant longtemps, aux États-Unis, les entreprises ont été vraiment considérées comme des institutions publiques pour cette raison (Kaufman, Zacharias et Karson, 1995). Mais implicite ou explicite, ce contrat est clairement incomplet car plusieurs clauses sont encore ouvertes (Hart, 1995).

La société mandate la firme pour jouer un rôle économique spécifique parce qu'il existe une sorte de consensus, dans un certain espace politique, selon lequel l'entreprise privée, par exemple, est la meilleure méthode pour produire et répartir la richesse. Cette logique est reprise par Shocker et Sethi (1974).

> Toute institution sociale – l'entreprise ne fait pas exception – fonctionne dans une société à travers un contrat social, explicite ou implicite, sur lequel sa survie et sa croissance sont basées : 1° la création de valeur socialement désirable, et 2° la distribution de bénéfices économiques, sociaux et politiques aux groupes desquels elle tient son pouvoir. Dans une société dynamique, ni les sources de pouvoir institutionnel, ni les besoins pour ses services ne sont permanents. En conséquence, une institution doit toujours réussir le double test de la légitimité et de la pertinence en démontrant à la société que ses services sont requis et que les groupes bénéficiant de ses retombées sont aussi légitimes eux-mêmes. (Shocker et Sethi, 1974, p. 67, notre traduction)

En tant qu'institution sociale, l'entreprise privée peut, théoriquement, être révoquée en tout temps. Cette révocation, toutefois, comme partie intégrante d'un processus socio-politique, peut prendre un certain temps. Cependant, si le système d'entreprise privé ne remplit pas les buts qui lui ont été assignés, à long terme il sera remplacé par une autre institution.

> Implicitement, une des prémisse du système social est la notion que la volonté de la société est suprême et que vient un temps où les institutions sociales sont appelées à régler des problèmes sociaux qui dépassent l'étroit énoncé de leur mission. [...] Dans l'éventualité ou une institution sociale ne répondrait plus aux besoins de la société, elle serait remplacée, par le même processus qui a présidé à sa création, par une nouvelle institution qui est plus en mesure de répondre aux besoins actuels de la société. (Typgos, 1977, p. 978, notre traduction)

La société exprime sa volonté de deux façons. Premièrement, directement, à travers un consensus tacite qui ne s'exprime très souvent que sous une forme négative par des mouvements sociaux dénonçant une situation devenue intolérable pour certains membres de la société. Deuxièmement, à travers l'État qui, s'exprimant au nom de la société, soit après une approbation claire, soit suite à l'inertie collective [4], peut retirer la légitimité de la firme par des poursuites ou le retrait de sa charte. Évidemment, c'est là un cas extrême. Dans le monde de l'entreprise, il y a un combat constant pour la légitimité. La légitimité permet à l'entreprise de poursuivre ses activités dans la société. Elle se définirait, par exemple, comme la perception généralisée que les activités de l'entreprise sont bénéfiques pour cette société. Par exemple, les secteurs de la fourrure ou de la cigarette sont fortement contestés et nous pouvons prévoir leur disparition éventuelle par manque de légitimité, le public percevant maintenant leurs activités comme étant néfastes.

Même si des documents existent, le contrat entre la firme et la société demeure largement implicite, basé sur un consensus comme tous les autres contrats existant dans la société. En conséquence, nous ne sommes pas d'accord avec Clarkson (1995), qui prétend qu'un sujet devient une question sociale quand le gouvernement légifère sur la question. Clarkson conclut que, s'il n'y a pas de loi relative à une question particulière, celle-ci n'intéresse pas le public. Nous croyons plutôt qu'une loi est faite parce qu'il existe déjà un désaccord sur certaines clauses du contrat social entre les membres d'une société. La loi remplit les trous apparaissant dans le consensus social à propos du contrat implicite mais ayant des conséquences explicites [5].

---

4. L'inertie collective fonctionne comme un consentement silencieux. Tant que les phénomènes n'ont pas atteint un degré suffisant qui les rendent intolérables, la société ne dit rien, du moins d'une manière organisée.

5. Un contrat implicite est basé sur des valeurs et des croyances. Il peut avoir une forme écrite dans les limites de la loi ou être inclu dans la loi. Cependant, le contrat supposément implicite existant entre la firme et la société n'est pas comparable à ceux qu'on décrit dans plusieurs versions de la théorie des « stakeholders » (parties prenantes). La différence tient au fait que ce contrat implicite entre la firme et la société a été largement décrit dans la littérature économique et que l'État a produit des lois pour s'assurer que ce contrat est rempli jusqu'à un certain point.

Ce contrat entre la firme et la société était, originellement, très peu spécifié. Des lois sont faites ou modifiées quotidiennement pour encadrer l'action des entreprises suite à un problème particulier. La situation s'apparente à la description faite par la théorie des coûts de transactions (Williamson, 1975). Il eut été impossible de rendre explicite un contrat si large et d'une durée indéterminée. Donc, les spécifications viennent dans le cours du contrat et génèrent des avis opposés sur leur pertinence. L'essentiel de la discussion sur la surabondance de la réglementation et les limites supposément trop étroites dans lesquelles les firmes seraient confinées viennent vraisemblablement du caractère postérieur de ces ajustements.

Comme nous l'avons mentionné plus tôt, contrairement à certaines définitions de la relation entre l'entreprise et la société, nous croyons que la société précède la firme et que la firme est une institution sociale dépendante de la volonté populaire.

> Nous devons, en conséquence, abandonner la vision traditionnelle de l'entreprise comme une organisation privée. Nous devons reconnaître le caractère public des entreprises, spécialement des plus grandes d'entre elles. [...] Nous devrons aussi reconnaître qu'elles sont devenues des instruments sociaux de la même façon que les agences gouvernementales. (Lindholm, 1984, notre traduction)

Ce caractère public peut connaître différents degrés en fonction de ce que Bozeman (1987) appelle sa multidimensionalité.

> Axiome 1 : le caractère public n'est pas une qualité discrète mais une propriété multidimensionnelle. Une organisation est publique si son existence ou son opération dépend de l'autorité politique. [...] Axiome 2 : une organisation particulière peut être plus influencée par l'autorité politique dans certaines de ses activités et comportements que dans d'autres et, de ce fait, peut être considérée comme étant plus publique dans certaines de ses activités et comportements et moins dans d'autres. [...] Axiome 3 : afin de juger de l'impact du caractère public sur le comportement de la firme,

on peut assumer que les contraintes politiques sont
équivalentes à l'investissement politique. Il n'est pas
nécessaire de distinguer les motifs qui sous-tendent
l'influence de l'autorité politique. (Bozeman, 1989,
p. 85-86, notre traduction)

La firme est redevable envers la société du mandat général qu'elle a reçu du gouvernement représentant cette société.
Cette responsabilité théorique impliquerait un niveau de reddition de comptes dépassant de loin ce qui est requis par les lois
actuelles [6]. Cependant, il serait naïf de croire que le problème
sera réglé par les mécanismes de marché, à supposer que de telles
choses existent. De fait, les mécanismes du marché ont mené à
la fabrication d'états financiers qui prévalent actuellement pour
permettre aux actionnaires, et non pas à la société, de prendre des
décisions. L'État, qui est le représentant de la société, accepte de
recevoir, de la part des entreprises, des bribes d'information des-
sinées pour quelqu'un d'autre, réduisant ainsi sa capacité d'évaluation de la performance du système de l'entreprise comme institution sociale.

À travers la théorie comptable conventionnelle, l'en-
seignement et la pratique, il apparaît y avoir une
acceptation largement répandue selon laquelle, par
exemple, le but de la comptabilité financière est d'informer les preneurs de décision afin d'augmenter
leur richesse personnelle et (implicitement et expli-
citement) d'assurer ainsi l'efficience du marché des
capitaux [...]. Les raisons qui font qu'un groupe de
gens aussi talentueux et privilégiés que les comptables
démontrent tant d'efforts pour assurer que les groupes
les plus riches et les plus dotés de pouvoir dans la
société deviennent encore plus riches et détiennent

6. Le principe est simple : la société, à travers l'État, délègue aux entreprises
une fonction sociale qui est de créer la richesse. Toute délégation de responsabilité doit s'appuyer sur un solide système de reddition des comptes, pour que
celui qui a délégué son pouvoir puisse en vérifier l'application. C'est pourquoi
le système de reddition des comptes est crucial et constitue le fondement de la
démocratie.

plus de pouvoir, sont rarement explorées. (Gray *et al.*, 1996, p. 17, notre traduction)

Le raisonnement est basé sur l'allocation efficiente des ressources effectuée par le marché. Même la profession comptable croit que l'information doit être de la meilleure qualité possible pour que l'allocation des ressources soit optimale, du moins l'écrit-elle dans la préface du *Manuel* de l'Institut canadien des comptables agréés (ICCA). Cependant, nous ne pouvons oublier que le marché contient plusieurs imperfections qui sont plus que de simples anomalies (Lehman, 1992).

> *Si* tous les agents étaient égaux et *si* les marchés étaient efficients quant à l'information et *si* cela menait à l'allocation la plus efficiente et *si* cela menait, en retour, à la croissance économique et *si* cela assurait le maximum de bien-être dans la société et *si* ce bien-être maximum est le but de la société, *alors* la comptabilité serait moralement, économiquement et socialement justifiable et pourrait aspirer à un cadre conceptuel. Évidemment, ce n'est pas le cas. (Gray *et al.*, 1996, p. 17, notre traduction)

En substance, le libre marché classique a été éliminé, s'il a jamais existé (DeGraaf, 1975 ; Flexner, 1989). La forte prévalence du marché est une réalité très américaine. Le refus de considérer les effets désastreux des imperfections du marché mène à des arguments similaires à ceux présentés par Friedman (1983). Dans une envolée désormais célèbre, il affirmait que la seule responsabilité sociale de la firme consistait à faire du profit « aussi longtemps qu'elle respecte les règles du jeu qui consistent à s'engager dans une compétition ouverte et libre, sans mensonge ni fraude ».

Si ces conditions (règles du jeu) étaient strictement respectées, nous pourrions être d'accord avec Friedman sur le fait que le plus grand profit produit le plus grand bien-être social, puisque les ressources sont alors utilisées à leur niveau d'efficacité maximal. Malheureusement, le profit n'est plus le résidu du prix quand tous les facteurs ont été complètement rémunérés. C'est le

résidu après que certains coûts ont été externalisés au gouvernement et, en conséquence, redistribués par des mécanismes autres
que les prix (Gray *et al.*, 1996). Si les prix et les profits ne reflè-
tent pas le coût complet, ils ne peuvent plus servir de base à une
allocation optimale des ressources et ne peuvent plus garantir le
bien-être de la société.

Plusieurs économistes croient que le mécanisme des prix du
marché ne peut produire une utilisation optimale des ressources
et que des mesures palliatives doivent être prises.

> Le système des prix souffre de sérieuses limitations en
> remplissant sa fonction. Même Adam Smith n'oserait
> proposer sans qualifications un mécanisme de marché
> sans bavures comme la solution complète au problème
> de l'allocation des ressources et de la distribution des
> revenus et peu d'économistes de nos jours soutiennent
> que ce qui est déterminé par le marché est nécessaire-
> ment l'action qui optimise le bien-être de la société.
> (Strick, 1973, p. 2)

En conséquence, considérant tous les aspects possibles, la
firme doit répondre au mandat qu'elle a reçu de la société et pas
seulement à ses actionnaires comme elle prétend pouvoir le faire
présentement.

Ce que proposent les programmes actuels de privatisation et
de PPP est justement le contraire. Sans tenir compte de l'état de
la situation [7], on décide que l'État ne sert plus à rien et qu'il faut
le diminuer au nom d'une suprématie fonctionnelle et princi-
pielle du droit d'entreprendre qui n'est, dans notre organisation
sociale, que largement secondaire. Mais cette nouvelle offensive
ne vise pas à éliminer l'État, car il faut qu'il demeure pour redistribuer les taxes aux entreprises. En fait, le but de cette vague de
privatisation est de renverser le rôle de l'État. Au lieu de redistribuer la richesse vers les citoyens qui n'ont pas reçu leur juste
part, il va maintenant servir à reprendre le peu que les citoyens
ont reçu, notamment par des taxes de plus en plus régressives,

---

7. Cette situation possède de multiples facettes. L'une d'elles est que l'ouverture d'un marché des capitaux (une bourse) ne se fait jamais sans une intervention de l'État.

pour le redistribuer aux entreprises. C'est une trouvaille. L'État passe de *Robin Hood* à *Robbing Hood*. Mais il faut bien se rendre compte que c'est une perversion extrême du système qui n'a plus rien à voir avec les définitions qu'on nous en donne pour nous faire marcher.

Il faut donc replacer les choses dans nos esprits pour s'appercevoir que ce qu'on veut nous faire passer pour l'ordre des choses est en fait un projet concerté entre élus et chefs d'entreprise.

Chapitre 2

Définir les PPP

I L Y A PLUSIEURS FAÇONS de concevoir les PPP, comme nous le
montrent toute une série d'actions dans lesquelles s'asso-
cient gouvernements et entreprises privées depuis longtemps :
des compagnies privées louent des immeubles à l'État, elles
construisent des bouts de route ou des écoles, elles gèrent des
stationnements d'hôpitaux, gèrent les cafétérias et dirigent la
buanderie, etc.

La Loi 61 crée simplement une Agence pour mettre en œuvre
la politique rendue publique en mai 2004, laquelle systématisait
le recours au privé et augmentait sensiblement le rôle qu'il peut
jouer. Ce n'est donc pas un principe qui est mis de l'avant, un
nouveau remède qu'on nous propose, mais la posologie qui est
modifiée.

2.1. Des modèles disponibles

Le partenariat entre le secteur public et l'entreprise privée
peut prendre plusieurs formes : sous-traitance, affermage, ou gestion déléguée, par exemple. En fonction de la forme juridique
du partenariat, les responsabilités et les risques seront répartis de
différentes façons.

D'aucuns pensent que la formule des PPP est apparue au
moment où les populations commençaient à perdre confiance
dans les processus de privatisation qui n'avaient pas produit les
résultats promis.

> Dans une prestigieuse revue de comptabilité, Broadbent et Laughlin présentent les PPP comme le fruit d'une extension récente du nouveau management public qui force les gouvernements à définir explicitement les domaines d'activités qui relèvent du secteur public. En dépit de la propriété formelle des organisations qui peut être détenue par le secteur privé, les services produits peuvent être décrétés d'intérêt public, ainsi que les gouvernements locaux et centraux interviennent dans les contrôles légaux des marchés visant ces produits et services. Selon ces auteurs, les PPP sont apparus au Royaume-Uni, en Australie et en Nouvelle-Zélande au début des années 1990 lorsque les processus de privatisation dans un grand nombre de secteurs publics ont cessé, soit parce qu'il n'y avait plus grand-chose à privatiser comme au Royaume-Uni ou en Australie, ou sous la montée d'une vague de protestation publique comme en Nouvelle-Zélande. (Rouillard, *et al.*, 2004, p. 101)

En fait, le problème ne réside pas réellement dans la forme du partenariat comme tel, mais bien dans le rapport de force entre les partenaires. À partir du moment où nous sommes convaincus que les gouvernements ne sont pas dans une situation, au sein du rapport de force, qui leur permette de faire respecter les conditions des ententes, toutes les ententes deviennent mauvaises. Il ne nous reste plus alors qu'à montrer les mécanismes par lesquels l'État perd ses moyens d'agir et quelles ont été les conséquences pratiques de telles ententes. Les comparaisons avec les autres pays sont possibles, car ce mouvement est international et les pressions du secteur privé sur les États et, à travers la propagande, sur les citoyens, se font partout de plus en plus virulentes.

La définition d'un PPP fournie dans la Loi 61 est la suivante :

> 6. Un contrat de partenariat public-privé est un contrat à long terme par lequel un organisme public associe une entreprise du secteur privé, avec ou sans financement de la part de celle-ci, à la conception, à la réalisation ou à l'exploitation d'un ouvrage public. Un tel contrat peut avoir pour objet la prestation d'un service public. (Conseil du trésor, 2004, p. 3)

La définition demeure plus que vague et soulève bien des questions. Qu'entend-on par long terme ? Est-ce au-delà d'un exercice ? Est-ce dire que tous les contrats qui dépassent un an doivent être soumis à la nouvelle Agence des partenariats public-privé ? Y aura-t-il un montant en dessous duquel l'adjudication des contrats pourra se faire sans passer par l'Agence ? De plus, la centralisation de tous les contrats importants avec l'entreprise privée dans les mains d'un seul ministre et de quelques fonctionnaires, aidés par des sous-traitants privés, n'a rien pour calmer les craintes des observateurs de la scène politique.

Les PPP ne couvrent que deux cas : la délégation de la conception, de la réalisation, de l'exploitation et du financement, ou les trois premiers sans le financement.

> Un contrat :
> – à long terme par lequel un organisme public associe une entreprise du secteur privé à la conception, la réalisation et l'exploitation des projets de l'administration publique ;
> – qui établit un partage des responsabilités, des investissements, des risques et des bénéfices entre les partenaires public et privé ;
> – qui stipule des résultats à atteindre pour améliorer la prestation de services publics. De telles ententes peuvent :
> – s'appliquer à des projets d'infrastructures ou d'équipement ou encore à la prestation de services aux citoyens et impliquer une participation au financement de la part des entreprises privées. (Conseil du trésor, 2004, p. 13)

On n'en a pas beaucoup plus que ce qui figure dans la Loi 61. Cette définition ne fournit que peu d'assises pour fonder l'obligation d'émettre une politique particulière et de créer une agence de l'envergure de celle qu'on promet. Les raisons données pour ce « changement » ne semblent pas beaucoup plus convaincantes. L'Union des municipalités du Québec (UMQ) commence son mémoire déposé devant la Commission parlementaire sur la Loi 61 en montrant que les liens entre les administrations municipales et les entreprises privées sont déjà très étroits et que les partenariats n'y changeront pas grand-chose, si ce n'est de centraliser outrageusement l'adjudication de ces contrats.

De fait, avec la version originale de la Loi 61, et même avec les amendements dont les effets sont loin d'être clairs, il est à craindre, pour les élus municipaux, que le patronage local leur échappe au profit d'un patronage centralisé non seulement à Québec, mais autour du bureau de la présidente du Conseil du trésor.

2.1.1. La compétence privée

Un des arguments cités en faveur du recours aux PPP est « le recours à l'expertise d'entreprises » (Conseil du trésor, 2004, p. 8). Cet argument est étonnant. Nous allons mettre entre les mains de l'entreprise privée des projets qui ont été gérés par le public durant des décennies. Ces projets ont très souvent été complètement réalisés par le secteur public.

> De plus, les municipalités, par le biais de leurs employés, ont développé une grande expertise dans le domaine des infrastructures urbaines. Ces ingénieurs et techniciens compétents recherchent des résultats optimums, au meilleur prix possible. Nous ne pouvons concevoir que l'Agence pourrait se doter, de façon efficace, du nombre nécessaire d'employés et d'experts pour analyser la faisabilité de tous les projets municipaux. (UMQ, 2004, p. 9)

L'UMQ semble le seul organisme public à reconnaître que l'expertise peut être associée à des travailleurs du secteur public, puisque maintenant, nous apprenons que l'expertise sera entièrement entre les mains de l'entreprise privée et ceci, même si ces entreprises n'ont jamais rien fait dans le domaine en question. Les fonctionnaires doivent dormir depuis toutes ces années. Ils n'ont jamais réussi à développer une quelconque expertise. Il faut dire que si le gouvernement et Hydro-Québec ne s'étaient pas départis d'une grande partie de leurs experts au profit de SNC-Lavalin, par exemple, il leur en resterait plus. Cela dit, prétendre que l'expertise ne peut être que privée relève de la démagogie la plus élémentaire. De fait, le système des PPP constitue une manière de transférer massivement l'expertise du secteur public vers le secteur privé. Certes il arrive que les employés clés du secteur public soient récupérés par le partenaire privé après ce genre d'entente. Mais dans bien des cas, une partie seulement de l'expertise est transférée puisque plusieurs employés qualifiés et expérimentés du secteur public ne seront pas employés par la firme privée qui préférera des employés moins qualifiés et moins expérimentés donc beaucoup moins chers. Cette déqualification de la main-d'œuvre peut souvent être reliée à une baisse de la qualité des services, voire à des accidents écologiques, comme nous le verrons dans le cas de l'eau à Hamilton.

Cette expertise s'appuierait, nous dit-on, sur des « méthodes de travail éprouvées », des « technologies innovatrices » et des « modes d'exploitation performants ». Nous sommes confondus devant tant de mauvaise foi. Pourquoi le secteur public ne parviendrait-il pas à avoir des méthodes de travail éprouvées? Parce que les fonctionnaires ne travaillent pas? Nous voyons là poindre l'idéologie qui a été instillée partout dans notre société depuis quelques décennies. Dans les années 1960, le Québec s'est doté, par étapes, d'un groupe de fonctionnaires très capables et à la fine pointe des pratiques industrielles et administratives. Par contre, notre monde des affaires francophone était très loin derrière, voué à la petite entreprise souvent organisée de façon artisanale et n'ayant pas les moyens de se doter de la technologie moderne. Le mouvement « Québec Inc. », qui a commencé au début des années 1960 et qui avait comme objectif de sortir les entrepreneurs québécois francophones de leur retard économique, s'appuyait sur un État solide qui a été le fer de lance de ce mouvement. Dire, 20 ans plus tard, que l'État a perdu toutes ses forces vives et que le privé est à l'avant-garde de tout semble pour le moins exagéré, malgré les efforts importants que les gouvernements ont faits pour dépouiller l'État au profit de l'entreprise privée. L'idéologie qui domine condamne d'office l'État, sans regarder ce qui s'y produit, et encense l'entreprise privée avec le même aveuglement. Or, si les ratés des fonctionnaires existent, ceux de l'entreprise privée sont légion : des systèmes informatiques qui ne fonctionnent pas, des travées de ponts qui s'effondrent, des trains qui déraillent, des avions dangereux, des communications qui se perdent, de faux médicaments, une pollution importante, etc.

Si la technologie de l'entreprise privée laisse parfois à désirer, ses modes d'exploitation ont tendance à bien porter leur nom. Pourquoi une entreprise privée offrirait-elle un service de qualité ? La théorie économique vient à notre secours et répond que sa principale motivation pour ce faire demeure la concurrence. Le but de l'entreprise est de maximiser son bénéfice. Elle diminuera ses prix et augmentera la qualité de son service, théoriquement, si elle est menacée par la concurrence. Or, la plupart du temps, les services publics se font dans des secteurs sans concurrence et pour lesquels il ne serait économique pour personne d'en instaurer une. Pouvons-nous imaginer 10 systèmes de transports en commun dans la région de Montréal avec des arrêts pour chacun de ces autobus se livrant une guerre de prix ? Les services publics sont très souvent dans des secteurs qui ne permettent pas la concurrence. En conséquence, celui qui les offre a le contrôle de ses prix, comme pour l'autoroute 407 à Toronto (voir page 82). Ayant le contrôle des prix et de l'offre, il peut aussi diminuer la qualité, ce que nous voyons dans le cas de la Ville d'Atlanta (voir aussi plus loin) et dans bien d'autres cas. Alors, nous devons convenir que les discours des promoteurs de PPP sont justement des discours de promoteurs et qu'ils sont constitués d'arguments de vendeurs à pression peu dignes d'élus et de membres des gouvernements. La supériorité ou l'infériorité de l'entreprise privée n'est donc pas tant une question de compétence que de situation contextuelle.

Quand on regarde la somme de travail qui incombera aux fonctionnaires de l'Agence, on se demande de toutes façons quelles pourront bien être les compétences exigées pour faire partie de ce groupe trié sur le volet ? Si, de plus, on ajoute qu'ils seront moins de 20 (la ministre a évoqué sur les ondes le chiffre d'une douzaine), on comprend que le travail d'analyse risque de se retrouver entièrement entre les mains de consultants, pseudo-spécialistes en tout, qui vont faire le travail pendant que les employés de l'Agence se contenteront de le distribuer et de faire le lien entre l'organisme demandeur et l'analyste privé.

Car, étonnamment, alors que la ministre refuse de reconnaître la moindre expertise aux fonctionnaires, elle va en trouver une vingtaine qui vont devenir experts universels. Ils vont pouvoir conseiller toutes les institutions publiques sur ce qu'elles faisaient déjà depuis des décennies. On croit rêver. En fait, ce que dit clairement la ministre, c'est qu'elle est fermement décidée à privilégier cette forme de gouvernement pour plusieurs raisons dont certaines, sans ordre précis, sont : son appartenance fondamentale à la classe des entrepreneurs qui lui confère une certaine vision du monde et l'absence totale de penseurs dans son gouvernement qui pousse celui-ci à reproduire les mouvements qui se font jour à Washington et plus tard à Ottawa. Or, ces approches du gouvernement sont apparues il y a déjà un certain temps et ont été mises en œuvre à Washington et à Ottawa, sans que la population s'en rende véritablement compte car elles ont été mises de l'avant avec une discrétion exemplaire bien peu démocratique. Le gouvernement Charest se caractérise par sa compréhension primaire de ces processus et sa façon agressive de les imposer à la population sur le pauvre argument qu'il aurait reçu un mandat de changement englobant, à toutes fins pratiques, la destruction de l'État.

2.1.2. Des réalisations plus rapides

Les apprentis sorciers qui nous gouvernent prétendent que les problèmes de délais viennent du fait que les différentes étapes des projets sont séparées. Maintenant, le partenaire privé se verra confier la conception, la réalisation et l'exploitation des projets. C'est cette trouvaille qui devrait accélérer les processus. Y a-t-il là ce qu'il faut pour diminuer les manœuvres frauduleuses dont nous venons de parler ? Il nous semble qu'au contraire, en donnant toutes les étapes au même partenaire, l'information risque de manquer de l'autre côté et le partenaire en charge pourra ainsi se permettre d'abuser encore plus. Mais c'est peut-être le but du gouvernement.

Le fin mot de l'histoire est peut-être que les contrats en PPP se réalisent mieux parce que le contrat de base prend des années à se conclure et que le gouvernement a payé déjà des dizaines d'études pointues pour en définir le contenu. Le système classique consistait à établir un cahier de charges à partir duquel les entreprises soumissionnaient. Maintenant, l'établissement du contrat est souvent beaucoup plus long et ardu, ce qui implique que le niveau d'incertitude diminue avant la signature et qu'ainsi il y a moins de surprises. Le partenaire privé se prend encore une lourde assurance en augmentant les prix. Donc, il n'y a plus de dépassements de coûts durant l'exécution car les coûts ont été évalués à leur maximum largement avant la signature finale.

Nos dirigeants ne peuvent ignorer ce mode de fonctionnement. Quand ils prétendent que les citoyens vont économiser de l'argent parce que les contrats n'auront plus de dépassements, ils manipulent les faits et les gens.

2.1.3. La gestion des risques

Les documents produits par le gouvernement sur les PPP parlent constamment de la question de la gestion des risques. Nulle part, par contre, nous n'avons trouvé une typologie, même élémentaire, des risques encourus et de leurs conséquences.

La politique-cadre fait toutefois mention des erreurs de conception que l'on découvre à la réalisation et qui devront être corrigées par le partenaire privé qui, ayant eu la responsabilité de la phase de la conception, sera responsable de ces erreurs.

Nous pouvons croire que les partenaires privés – qui connaissent déjà, par ailleurs, dans leurs projets n'impliquant pas l'État, le taux normal d'occurrence de ces erreurs – incluront dans les coûts récupérés une provision pour leur correction, comme nous venons de le dire plus haut. De plus, cette provision sera majorée des taux de frais de gestion et vraisemblablement des taux de profits. En conséquence, le citoyen ne vient pas du tout de se débarrasser d'un risque, il vient juste de payer une grosse assurance pour ne pas savoir quand il va se matérialiser. En fait, nous allons payer le coût du redressement, que le problème se matérialise ou pas.

De toute façon, on demandera aux organismes publics de fournir les budgets préliminaires, censés mener à la décision. Donc, si la fonction publique est bonne pour exercer cette activité, elle le restera, et les coûts liés aux erreurs seront minimes ; si elle ne l'est pas, les décisions seront mauvaises. Évidemment, l'Agence va passer derrière et, avec ses consultants privés, révisera probablement les budgets préliminaires ainsi produits. À ce moment-là, comme l'Agence, de même que les consultants privés, a pour mandat (et pour intérêt) de promouvoir les partenariats, le sens des corrections ne fait pas de doute. De plus, comme nous venons de le dire, la longueur des négociations et les experts impliqués limitent les risques de changements subséquents, mais augmentent sensiblement les coûts préliminaires à la signature des contrats. Donc, la règle de ce genre de contrat est d'éliminer les risques avant la signature pour les deux partenaires, ce qui ne signifie absolument pas que l'on économise de l'argent.

À ce propos, la politique-cadre du gouvernement du Québec est remplie d'incohérences et de formules vagues. On décrie la fonction publique tout en lui donnant de nouveaux mandats et on décrie les structures tout en en créant de nouvelles. Bref, tout cela ressemble fort à un discours destiné à justifier, bien maladroitement d'ailleurs, une position largement idéologique et passablement intéressée.

2.1.4. Augmenter l'efficacité de la fonction publique

Le dernier argument, fourni en faveur des PPP, laisse vraiment perplexe :

> Les solutions innovatrices issues d'un marché privé concurrentiel ainsi que l'émulation entre le secteur privé et le secteur public dans la prestation de services sont deux facteurs favorisant une productivité accrue. (Conseil du trésor, 2004, p. 9)

D'abord, nous y retrouvons l'affirmation que les firmes qui sont partenaires potentiels pour les projets de l'État forment un marché concurrentiel. Pourtant, si nous regardons tous les secteurs au niveau international, il apparaît de plus en plus que les supposés marchés sont des oligopoles. Le marché international de la provision d'eau potable, par exemple, est dominé par une demi-douzaine de géants qui ne suffisent pas à créer un marché, la preuve en étant faite par les profits énormes qu'ils réussissent à engranger [1].

Ensuite, nous nous étonnons qu'on nous parle de concurrence entre le public et le privé. Va-t-on faire soumissionner les deux secteurs sur les mêmes projets? Bref, on trouve dans les documents gouvernementaux beaucoup de formules qui reproduisent le discours dominant sur la question mais bien peu d'explications logiques permettant au citoyen de se faire une idée valable de ce qu'on lui impose sans le lui avoir proposé.

---

1. Selon la théorie du libéralisme, la concurrence jumelée à l'absence de barrières à l'entrée (c'est-à-dire de facteurs qui empêcheraient un nouveau joueur d'entrer dans un nouveau marché), font que les profits sont gardés au minimum. La même théorie dit que des profits élevés sont un signal que le secteur n'est pas en situation de concurrence, mais bien en situation d'oligopole ou de monopole. Dans ce cas, l'État doit prendre des mesures pour réinstaurer la concurrence dans ce secteur ou bien, si c'est impossible, instaurer une réglementation qui permette d'empêcher une ou quelques entreprises d'exercer un contrôle sur les prix. Les profits des multinationales de l'eau indiquent donc une situation d'oligopole qui ne peut plus être appelée marché et doit être corrigée ou réglementée.Les profits records des pétrolières en 2005 indiquent une collusiion dans la fixation des prix, collusion qui dure depuis des années bien qu'elle contrevienne aux lois canadienne sur les *trusts* et les cartels.

2.2. Le partenariat, plus qu'un contrat

La formation d'un partenariat implique plus que la simple signature d'un contrat. Bien des gens signent tous les jours des contrats et des ententes, que ce soit à court ou à long terme, et personne ne les voit comme des partenaires – eux-même ne se considèrent pas ainsi. Pour qu'il y ait partenariat, il faut qu'il y ait une démarche commune dans une direction commune.

Or, nous acceptons tous l'idée que le but premier et irréductible de l'entreprise privée est de maximiser son bénéfice. Ce but, dans tous les manuels de finance, apparaît totalement arrêté et il semble qu'il ne puisse souffrir ni nuances, ni délais. Par ailleurs, le but de l'État est de voir à ce que la richesse soit créée et répartie le plus équitablement possible en s'assurant que les besoins fondamentaux de tous les citoyens soient bien satisfaits, bref, de corriger le déséquilibre fondamental dans la répartition des richesses générées par l'activité économique. En théorie, l'État représente la société et cette société a choisi l'entreprise privée comme mode de production de richesses, comme nous l'avons dit plus haut. Donc, en tant qu'institution sociale, l'entreprise a pour véritable but de produire la richesse et le profit n'est que la rémunération qui est consentie pour ce faire au propriétaire. Dans ce contexte, on comprendra facilement que le maximum de profit n'est pas nécessairement le niveau socialement optimal, même si nous avions l'inconscience d'adhérer encore aux théories de la motivation par le revenu illimité. La structure interne de l'entreprise qui donne des sommes importantes à ses dirigeants pour les motiver à maximiser la valeur de la firme est la même que la structure externe dans laquelle la firme agit pour la société et où les entrepreneurs, au sens large, sont rémunérés pour leurs efforts.

Les buts de l'entreprise et ceux de l'État sont ainsi fondamentalement opposés. Donc, si on parle de partenariat en prenant pour acquis qu'il y a une certaine convergence de vues quant aux buts à atteindre, ce ne peut être que l'État qui accepte de s'aligner sur les buts de maximisation du profit de l'entreprise privée ; et c'est précisément ce à quoi nous assistons présentement. Ce faisant, l'État déchoit de son rôle d'État et le gouvernement devient un usurpateur, car les buts de l'État ont préséance, dans notre système juridique, sur ceux de l'entreprise.

2.3. Accélérer la privatisation

Si nous posons les éléments en présence, nous nous rendons compte que les définitions servies par le gouvernement ne sont pas vraiment claires. Les activités classées sous le vocable de PPP se retrouvent toutes parmi les modes ordinaires de partenariats existant entre le public et le privé. Toutes les définitions apportées par les intervenants à la commission parlementaire sur la Loi 61 semblent effectivement inclure celles fournies par l'État dans les possibilités déjà existantes, potentiellement, et déjà largement mises en pratique. D'ailleurs, le projet de Loi 62 sur les pouvoirs des municipalités définit un contrat clé en main exactement de la même façon que la Loi 61 définit un PPP : conception, mise en œuvre, exploitation et financement.

Alors, pourquoi un tel déplacement d'air ? La réponse semble claire. En relisant la politique-cadre et la Loi 61 la référence constante à la prestation des services publics et l'insistance sur les contrats à long terme sautent aux yeux. Dès lors, il semble évident que le but de cette politique est de changer de vitesse dans la privatisation des services publics et de brader, à haute intensité, le service public aux entreprises privées. Pour ce faire, le gouvernement pense qu'il a besoin d'un minimum de légitimité et que la Loi 61 peut lui conférer cette légitimité.

Disons simplement que, selon nous, la Loi 61 ne fait que mettre en exergue, par la création d'une Agence, ce que le secrétariat aux partenariats public-privé, créé par le gouvernement péquiste précédent, avait commencé à faire dans le silence administratif et l'apparence de consultation continuelle qui caractérisait le gouvernement de Bernard Landry.

Mais depuis le début de leur mandat, les libéraux préfèrent la confrontation. Peut-être comprennent-ils que leur passage au pouvoir est limité et que le temps risque de leur manquer pour finir de privatiser l'État.

Chapitre 3

La démocratie

L E SYSTÈME DES PPP constitue une sérieuse menace envers les processus démocratiques que la mondialisation a déjà largement fragilisés. La signature d'ententes comme l'ALENA constitue une entorse au processus démocratique. En limitant la possibilité d'agir des gouvernements et en les soumettant à des tribunaux privés dont les décisions sont sans appel, ces ententes fonctionnent comme des constitutions au-dessus de la Constitution. Qui plus est, la participation des pays à des organismes privés comme l'Organisation mondiale du commerce (OMC), dont les pays membres ont l'obligation de mettre en pratique les ententes conclues, qu'ils y aient participé ou pas [1], représente une limitation de la souveraineté des États.

Cette prise de contrôle des processus démocratiques par les représentants des grandes entreprises transnationales se fait à plusieurs niveaux. Avec la participation du FMI, de la Banque

---

1. L'OMC siège à Genève, une des villes les plus chères du monde, rendant plus difficile le maintien des délégations par les pays aux moyens limités. S'y tiennent en même temps des réunions de plusieurs comités discutant d'ententes sur des questions spécifiques. Pendant une certaine période, le représentant d'un pays africain représentait une cinquantaine d'autres pays à l'OMC. Il n'assistait évidemment qu'aux réunions d'un seul comité à la fois. Se prenaient donc, à Genève, des décisions exécutoires, dont les dirigeants africains étaient souvent informés par fax. Ils recevaient de l'extérieur les énoncés des politiques économiques qu'ils devaient appliquer, sans que personne dans le pays, même pas ses dirigeants, n'ait eu un mot à dire. Il s'agit là d'une brèche immense opérée par les entreprises dans le processus démocratique des pays.

mondiale et de l'OMC, les capitaux privés contrôlent les politiques économiques dans tous les pays à des degrés de plus en plus importants. Ce contrôle s'exerce également à des niveaux plus réduits. Par exemple, la gestion de services autrefois publics permet aux entreprises privées de mettre la main sur des données de toutes sortes qui leur servent ensuite à cataloguer les citoyens et à mieux cibler leurs interventions.

3.1. La protection des renseignements personnels

Le fait de mêler le public et le privé ne va pas sans danger. Nous le savons, les administrations rassemblent de plus en plus de renseignements qui sont devenus facilement accessibles et transférables à l'aide des nouvelles technologies de l'information. Or, les entreprises privées fonctionnent très souvent en achetant des listes de clients éventuels. Ces listes servent à approcher une clientèle ciblée en fonction des produits spécifiques qu'on veut leur vendre et de leur pouvoir d'achat.

Ces listes sont souvent vendues par des employés de tous les niveaux hiérarchiques désireux d'arrondir leurs fins de mois. Par exemple, les femmes enceintes vont souvent recevoir de la publicité pour des accessoires destinés à la chambre du bébé. Les noms, les cas ont été avérés, viennent des listes des hôpitaux, sorties frauduleusement. Des professionnels de toutes sortes reçoivent constamment des publicités d'objets de luxe qu'ils sont sensés pouvoir se payer. Les listes des associations professionnelles se retrouvent massivement sur le marché, mais cette fois-ci vendues la plupart du temps par les associations elles-mêmes, qui ne reculent pas devant ces méthodes douteuses pour se faire plus d'argent.

Le trafic d'informations est déjà important et la Commission d'accès à l'information s'inquiète de ce qui pourrait arriver :

> Est-il possible de concilier ces partenariats avec les droits d'accès aux documents des organismes publics

et de protection des renseignements personnels, droits qui traduisent d'importantes valeurs de la société québécoise ? (Commission d'accès à l'information du Québec, 2004, p. 1)

Comme le souligne la Commission, il faudrait, au moins, que les contrats soient très explicites sur les responsabilités de chaque partie à cet égard. Or, contrats explicites ou pas, nous connaissons la position de faiblesse des administrations dans leurs relations avec les entreprises.

Cet accès à l'information possède un caractère transitif. D'une part, les informations personnelles des citoyens pourraient être mises entre des mains qui en tireraient profit au détriment de la protection de la vie privée de ces citoyens ; d'autre part, les informations sur ce qu'il advient des fonds publics pourraient devenir difficiles, voire impossibles à obtenir une fois ceux-ci placés sous contrôle privé. À Hamilton, par exemple, un conseiller municipal a dû payer des sommes importantes pour avoir des informations sur le contrat de PPP, dans le domaine de l'eau, que la ville venait de signer avec une compagnie privée. Ailleurs, on les lui aurait refusées comme étant des informations sensibles pour la concurrence. Cette excuse facile, qui est incluse dans les contrats, est invoquée en tout temps et empêche le processus démocratique de fonctionner.

Enfin, autre entorse à la démocratie, le processus lui-même n'a jamais été entériné par la population, en dépit des belles excuses fournies par le Premier ministre ou la présidente du Conseil du trésor. L'Association professionnelle des ingénieurs du Gouvernement du Québec (2004) pense qu'avant de créer une agence pour mettre en œuvre les PPP, il aurait fallu demander à la population si elle voulait de cette forme de « gouvernement ». Les citoyens ont élu un gouvernement pour s'occuper des affaires de l'État, mieux et plus économiquement, sans doute. Mais ils n'ont jamais élu l'entreprise privée pour ce faire. Il y a là un déplacement qui se fait en dépit de la démocratie et, disons-le aussi, en dépit des objectifs poursuivis.

3.2. Un nouvel essor du lobbyisme

L'ouverture d'une possibilité comme celle des PPP va donner un essor nouveau au lobbyisme dans notre société. Ainsi, le Commissaire au lobbyisme demande que, dans ce processus où le privé va devoir se mêler à la chose publique et dépenser des fonds publics, la transparence soit assurée.

> En acceptant de jouer le jeu du partenariat, l'entreprise privée doit cependant accepter d'opérer dans un contexte particulier : elle acceptera ainsi de se plier à de nouvelles exigences de transparence, de reddition de compte et d'écoute des citoyens consommateurs. Les opérations faites par l'entreprise privée et utilisant les deniers publics sont sujettes à des contraintes particulières qu'on ne retrouve pas dans le cadre des transactions entre deux entreprises privées. (CIRANO, cité par le Commissaire au lobbyisme du Québec, 2004, p. 7)

Le problème est posé assez directement. L'entreprise devrait modifier ses façons normales de faire pour entrer dans ce genre de partenariat. Or, elle n'a aucune raison de le faire si son partenaire n'est pas en mesure de l'y inciter ni même de l'y contraindre. Malheureusement, dans notre système actuel, les entreprises, à tous les niveaux, ont le contrôle des gouvernements. Donc, il n'y a aucune raison objective pour que les entreprises jouent la transparence, d'où l'urgence de ramener ces opérations sur la place publique.

Le Commissaire croit que le lobbyisme investira massivement ce nouveau champ d'intervention. Les organismes, comme l'Agence que crée la Loi 61, sont assujettis à la Loi sur la transparence et l'éthique en matière de lobbyisme. Ainsi, les experts-conseil engagés par l'Agence deviendront des « titulaires de charge publiques » aux termes de cette loi, avec les obligations de reddition de comptes qui en découlent. Certains articles de la Loi 61 contreviennent probablement à la Loi sur le lobbyisme.

Pour le Commissaire au lobbyisme, l'esprit de cette loi est que les citoyens puissent savoir qui fait des pressions ou cherche à influencer les décisions qui les concernent. En conséquence, même si des responsabilités sont transférées ou sous-traitées au secteur privé, comme la Loi 61 le prévoit, il faudra mettre en place les mécanismes nécessaires pour s'assurer que le public puisse obtenir l'information à laquelle il aurait droit dans une structure qui n'impliquerait que les organismes du gouvernement.

C'est pourquoi le Commissaire au lobbyisme s'inquiète du fait que le Code de déontologie des lobbyistes ne s'appliquera pas dans le cadre des PPP. D'autres éléments entrent aussi en ligne de compte. Par exemple, normalement, un membre de la fonction publique ou du gouvernement qui quitte son emploi ne peut utiliser les informations et les connaissances acquises dans son emploi pour se lancer dans le lobbyisme. Dans le cas qui nous intéresse, il devrait en être de même des employés ou propriétaires des entreprises impliquées dans des partenariats, car ils auront accès à des informations privilégiées sur la chose publique. Cependant, à l'heure actuelle, ils ne tombent pas sous le coup de la loi et pourront donc utiliser ces informations pour des fins de lobbyisme.

En outre, ce ne sont pas tellement les informations officielles que quelqu'un possède qui le rend précieux pour l'entreprise privée quand il quitte la fonction publique. Ce sont plutôt les contacts qu'il a noués et les relations de connivence qui se sont établies au cours des années. Ce sont aussi les informations informelles qu'il pourrait détenir sur plusieurs personnes et qui lui donnent une prise sur elles. La Loi sur le lobbyisme manque passablement de mordant dans son état actuel ; il faudrait voir à ne pas l'édulcorer d'avantage.

3.3. La nécessaire transparence de l'État

Les renseignements confidentiels que les citoyens donnent à l'État risquent de tomber dans les mains des entreprises privées sans que leur statut et leurs responsabilités, par rapport à ces informations, ne soient clairement définis et délimités.

Plus encore, c'est toute la transparence du processus étatique qui est remise en question par les PPP. Dans d'autres juridictions, les ententes entre l'État et les partenaires privés sont restées confidentielles. Par exemple, en Ontario, les termes exacts du contrat pour la construction de l'autoroute 407 n'ont pas été divulgués au public. « Même les membres de l'Assemblée législative de l'Ontario n'ont pas pu avoir accès aux documents en question. » (SFPQ, 2004, p. 13) Les entreprises créées par la Ville de Montréal avaient donné lieu aux mêmes genres d'interdictions et les conseillers ont essayé en vain d'obtenir l'information.

Toujours au Québec, la justice avait donné raison à Nouveler dans une longue saga judiciaire entreprise en 1994. Nouveler plaidait que, bien que filiale à 100 % d'Hydro-Québec, compagnie possédée à 100 % par l'État, elle n'avait pas à fournir au public quelque information que ce soit. La Loi sur l'accès aux documents des organismes publics et sur la protection des renseignements personnels (ci-après : Loi sur l'accès à l'information) stipulait qu'une telle obligation de transparence existait quand le fonds social de la compagnie relevait du domaine public. Or, jouant sur les mots, les avocats ont plaidé que le fonds social n'est jamais du domaine public et, au mépris total de l'esprit de la Loi, un juge de la Cour supérieure leur a donné raison. Finalement, un autre juge a fini par statuer le contraire.

Si nous ne pouvons pas, ou s'il nous est très difficile d'obtenir des informations sur ce que nous possédons à 100 %, imaginons ce qui pourrait arriver avec des entreprises possédées en grande partie par des intérêts privés. Toute information deviendrait impossible à obtenir. La Commission d'accès à l'information ajoute à cet effet :

> En effet, un transfert de responsabilité d'un organisme
> public clairement assujetti à la Loi sur l'accès [à l'in-
> formation] vers une entreprise privée sur qui repose
> des obligations de transparence aux contours incer-
> tains risque de soulever de nombreuses interrogations
> reliées à l'application ou à l'interprétation des règles
> d'accès à l'information. (Commission d'accès à l'in-
> formation du Québec, 2004, p. 4)

La Commission trouve nécessaire d'ajouter que « la santé de la démocratie » dépend de l'accès à l'information.

Les responsabilités relatives à l'accès à l'information « aux contours incertains » qui sont celles de l'entreprise privée deviennent clairement problématiques quand on constate dans la loi sur les PPP la possibilité pour chaque instance de déléguer, presque à l'infini, ses pouvoirs et ses responsabilités. On risque de se retrouver devant des cascades de filiales qui compliqueront indéfiniment toute tentative d'accéder à l'information.

Dans le droit fil de ce que nous évoquions plus haut avec la compagnie Nouveler, la possibilité de créer des filiales, en pro-priété exclusives ou non, par l'Agence, les soustrairait aux exi-gences de la Loi sur l'accès à l'information. Ces compagnies ne « seraient pas des organismes publics au sens de la Loi sur l'ac-cès à l'information ». Un jugement plus éclairé, datant de 2002, a finalement permis l'accès aux informations de Nouveler sur la base du fait qu'elle était détenue à 100 % par Hydro. Mais dès qu'on se retrouve au dessous de 100 %, ce qui est l'essence même d'un partenariat, qu'arrive-t-il ?

Bien que les modalités puissent différer, les contrats de parte-nariats public-privé, conclus n'importe où dans le monde, posent tous le même problème. Ils remettent des compétences collec-tives entre des mains individuelles dont les responsabilités et les obligations de transparence ne sont pas claires.

La création d'une agence comme intermédiaire n'est pas pour nous rassurer non plus. Les expériences menées un peu par-tout montrent que les agences ont une tendance à échapper au contrôle des parlements et des ministres.

En substance, la formule des partenariats va mettre entre les mains des entreprises des informations qui pourront leur servir à atteindre, voire à manipuler des clientèles diverses. Les informations pourront même être extrêmement confidentielles, comme les dossiers médicaux, dans le cas d'hôpitaux gérés par l'entreprise privée, les dossiers scolaires, pour les écoles qui auront ce type de gestion, jusqu'aux dossiers criminels, pour les prisons privées. Il faudrait consulter la population avant de remettre ces informations entre des mains qui peuvent nous paraître peu sûres quand on connaît le trafic d'informations qui existe déjà à tous les niveaux.

La question du lobbyisme est aussi très importante. Comme nous l'avons dit en introduction, ce sont maintenant des consultants privés qui vont vraisemblablement faire l'étude des dossiers et recommander à la ministre les contrats à choisir. Le lobbyisme ne se fera donc plus envers des fonctionnaires ou des élus, il se fera envers des consultants privés. Le patronage deviendra ainsi sous-traité et les pots de vin iront directement du privé au privé. Échappant aux contacts avec les fonctionnaires, les lobbyistes échapperont aux contrôles, aussi faibles soient-ils, qui ont été mis en place. Nous revenons donc plusieurs années en arrière dans le domaine du copinage.

Chapitre 4

L'efficacité et l'économie

P OUR LE GOUVERNEMENT et les médias, un des principaux arguments évoqués en faveur des PPP demeure celui de l'économie. On continue de prétendre que le secteur privé fonctionne à moindre coût pour le citoyen, comparé au secteur public, malgré une absence flagrante d'éléments pouvant étayer cette affirmation. Le problème réside en grande partie dans la façon de compter. Les coûts que vont connaître les entreprises privées qui vont remplacer les entreprises d'État ne sont pas pertinents, car ce ne sont pas ces coûts-là qui vont faire la différence.

> Ainsi, des comparaisons en valeur actuelle qui imposent à la solution « publique » de considérer le plein coût en tant qu'investissement en capital (sauf amortissement) l'année même de la construction, soit en début de projet, versus le versement de paiements locatifs considérés comme des coûts d'opération échelonnés sur toute la vie du projet pour la solution public-privé ne peuvent que favoriser systématiquement cette dernière sans égard à une réelle économie, comme c'est le cas en Ontario dans les projets de construction et de gestion hospitalière. (Rouillard *et al.*, 2004, p. 110)

Quand on compare des valeurs actuelles, les sommes sont ajustées pour tenir compte de la perte de valeur dans le temps. Ainsi, le dollar qui sera versé dans 25 ans aura un pouvoir d'achat bien moins grand que celui d'aujourd'hui. La valeur actuelle, au lieu de comparer des nombres de dollars, tente de calculer leur pouvoir d'achat. Tout cela est fort bien pensé, direz-vous. Sans doute, sauf que le montant pour construire l'hôpital ne sera pas plus versé d'un seul coup si c'est le public qui le construit, puisqu'il sera normalement emprunté aussi. Donc, en le comptant comme un coût complet au départ on fausse les résultats de la comparaison. Est-ce par hasard ? Qui peut le dire ?

Aux coûts des entreprises privées il faut encore ajouter le profit. Le profit fait partie des coûts qui seront ajoutés dans le prix demandé par l'entreprise privée. Même si les coûts sont plus bas, au détriment de la qualité de vie des employés et aussi de leur compétence, les prix demandés pour les services finissent toujours par être plus élevés. De plus, pour vraiment comparer, il faut aussi faire des ajustements aux coûts de l'entreprise publique. Les coûts reliés aux missions de développement régional ou de création d'emploi, qui sont imposées aux entreprises publiques par l'État, doivent être déduits de ses dépenses pour que la comparaison ait un sens.

4.1. Les coûts de financement

Si nous demandons aux entreprises privées de construire les actifs publics, nous devons nous attendre à des coûts de financement qui seront plus élevés. Les coûts de financement sont fonction du risque que représente l'entité qui emprunte. Ce risque augmente à mesure que les actifs à donner en garantie diminuent. Quand les dettes ne sont plus garanties, comme dans le cas des obligations appelées débentures, par exemple, les taux sont alors plus élevés que pour les obligations garanties. Mais le risque de base, le risque fondamental est lié à la firme elle-même. Toutes les firmes, même les plus grandes, bien que les cas soient rares, peuvent s'effondrer. Nul n'est à l'abri d'un « hit Enron ». Cependant, une municipalité ou un gouvernement ne peut disparaître et, dans un système mondial où le droit des entreprises est de plus en plus reconnu et soutenu par le géant états-unien, la probabilité qu'un pays ne rencontre pas ses obligations est très faible, voire inexistante dans le cas des pays de l'Organisation de coopération et de développement économique (OCDE). De toutes façons, la dette publique est faite en grande partie d'obligations qui sont détenues dans le grand public, par les citoyens eux-mêmes.

Le Conseil du patronat du Québec (CPQ) reconnaît que le financement privé coûte plus cher et ce supplément est fonction d'une prime de risque :

> Ces risques sont explicitement pris en considération par les prêteurs qui exigent de fait une prime. L'écart entre le coût du capital pour une société privée et le coût d'emprunt d'un État découle de la prise en compte de ces risques et révèle le véritable coût du projet. (CPQ, 2004, p. 3)

Le CPQ, dans le même ordre idée, prétend qu'une agence gouvernementale devra s'adjoindre des compétences dans le domaine de l'analyse financière, compétences qui seraient rares dans le secteur public. Voilà une affirmation bien gratuite. Quand la Caisse de dépôt et la Société générale de financement étaient gérées pour les Québécois, les choses n'allaient pas si mal et même au moins aussi bien que dans le privé. Quand le privé a décidé de mettre la main sur la gestion d'une grande partie de ces fonds avec la complicité active des gouvernements, les choses se sont mises à mal aller, pour mieux justifier la sous-traitance qui allait en découler. Le modèle est connu.

Pour ce qui est de la compétence du privé en analyse financière, nous demeurons perplexes. Il n'y a pas de contrat qui ait été octroyé à l'entreprise privée pour la construction d'infrastructures qui n'ait pas honteusement dépassé les estimés par toute sorte de suppléments non prévus, de faux frais et autres inventions pratiques. Nous avons donc deux possibilités : soit l'entreprise privée ne sait absolument pas estimer ses coûts correctement, soit elle ment effrontément dans les appels d'offres pour avoir le contrat, consciente qu'elle pourra changer la donne en cours de route. Selon nous, la réalité doit se trouver au confluent des deux pratiques et peut se perpétuer, non pas à cause de l'incurie des fonctionnaires, mais à cause de la complicité des dirigeants des entreprises et des politiciens qui viennent souvent des mêmes milieux et défendent les mêmes intérêts. Ces pratiques laissent des doutes quant à l'efficacité du système d'appel d'offres qu'on nous décrit pourtant comme un mécanisme essentiel assurant le contrôle dans le processus d'adjudication des ententes de partenariat. D'ailleurs, le CPQ laisserait volontiers aller ce rempart :

> L'organisme public pourrait renoncer au processus d'appel d'offres dans les cas où les avantages d'un PPP proposé par une société privée seraient assez évidents, du point de vue de l'intérêt public, pour que l'organisme puisse les justifier sur la place publique. (CPQ, 2004, p. 8)

Déjà qu'avec les processus d'appel d'offres, les manipulations ne sont pas éliminées, sans ce processus, quelle protection restera-t-il ?

Dans le cas du service d'eau de la Ville de Moncton, dont nous discuterons plus loin (page 112), il est clair que plusieurs élus avaient reçu des cadeaux de la part de la compagnie U.S. Filters (filiale de Vivendi, désormais Veolia, connue pour ce genre de pratiques) et que certains étaient même ouvertement en conflit d'intérêts. Ainsi, à Moncton, on a éliminé le processus d'appel d'offres, ce qui a permis au ministre, plus tard, de réprimander les élus municipaux.

Le Syndicat des professionnelles et professionnels du gouvernement du Québec (SPGQ) amène des exemples où les coûts liés au financement sont plus élevés :

> Au Royaume-Uni, une étude publiée en 1999 dans le *British Medical Journal* concluait que les coûts additionnels du recours au Private Finance Initiative (PFI, équivalent britannique du PPP) augmentent de 18 à 60 % le coût de construction des hôpitaux. La même étude mentionne également que les investisseurs anticipent un retour sur l'investissement de 15 à 25 % par an. Finalement, elle conclut qu'un financement public entraînerait des économies de 3 à 3,5 % sur les taux d'intérêts. L'organisme de vérification publique Audit Scotland a également réalisé une évaluation des coûts supplémentaires liés au financement par le secteur

privé. Il conclut également à une surcharge d'intérêt atteignant de 2,5 à 4 % par an. Selon Audit Scotland, le coût supplémentaire du projet étudié représentait entre 200 000 et 300 000 £ sterling par tranche de 10 millions de £ sterling investies. (SPGQ, 2004, p. 3)

Cependant, les autorités politiques prétendent que cette augmentation de coût est compensée par le fait que l'entreprise privée prend des risques. La nature exacte des risques dont il est question et la façon de les transférer aux partenaires privés demeurent nébuleuses. Des études montrent que l'avantage lié au transfert de risques n'a jamais été vérifié, car les informations sont impossibles à connaître. Quand Mme Jérôme-Forget dit que le vérificateur général du Royaume-Uni évalue positivement l'expérience des PPP, cela n'inclut pas la dimension transfert de risques. C'est pourtant l'argument principal des gouvernements en faveur des PPP. Sans cela, il ne reste que les coûts supplémentaires et les manipulations de chiffres.

> Or, une étude publiée en juillet 2004 et réalisée par le département de santé publique de l'University College de Londres pour le compte du syndicat UNISON avance que, dans un grand nombre de projet de PPP ayant échoué, il n'a pas été possible de démontrer que le transfert de risques avait effectivement eu lieu ni à quel coût pour les contribuables. Les auteurs de l'étude s'aperçoivent que cette politique inaugurée en 1992 et les arguments centraux de ses promoteurs n'ont pas encore été sérieusement évalués. Bien qu'on sache que la dette due aux PPP s'élève à 35 milliards de £ sterling (82 milliards de $ CA), la façon dont sont vraiment dépensés les fonds publics dans ces projets reste inconnue. Les chercheurs de l'University College ont voulu voir si le rapport entre la « prime de risque » payée par le public et le transfert de risques vers le privé avait fait l'objet d'une vérification par le National Audit Office [NAO – l'équivalent britannique du Vérificateur général], dans le cadre de son évaluation des projets de PPP en opération. Ils ont constaté que la structure des contrats de PPP rendait difficile l'évaluation de la relation entre le risque

> effectif et la prime de risque, parce que le partenaire privé est habituellement un consortium n'assurant pas lui-même le risque, mais le transférant plutôt à d'autres compagnies sous-contractantes (sans compter que ce consortium peut être sous contrôle d'une firme étrangère), et parce que le transfert de risques est limité par un ensemble de mécanismes financiers qui obscurcissent la valeur du transfert. En somme, les affirmations du gouvernement quant au transfert de risques n'ont en général pas fait l'objet d'évaluation, ce qui, selon les chercheurs, mine le processus d'examen des dépenses publiques par le Parlement et la transparence du processus. (SFPQ, 2004. p. 18)

La valeur de l'invocation du NAO comme argument massue par la responsable du Conseil du trésor est grandement relativisée par ces affirmations et nous nous butons, encore une fois, au secret qui caractérise une entreprise privée qui n'a, par ailleurs et par les temps qui courent, que le mot transparence à la bouche.

Prenons un autre exemple cité par le NAO. Le système de contrôle du trafic aérien a fait l'objet d'un PPP au Royaume-Uni. La compagnie qui a été formée pour prendre les choses en main, la National Air Traffic Services (NATS), s'est retrouvée dans de graves difficultés financières. Or, la reprise de la responsabilité des activités par le secteur public n'est pas envisagée car ce serait les actionnaires et les banques qui ont investi l'argent des prêts des clients dans cette entreprise – qui s'en est servi « dans le but de remplir des obligations statutaires » (notre traduction) – qui perdraient leur mise. Donc, au fond, c'est encore de la faute de l'État qui a imposé trop de conditions à l'exercice de l'activité. Tout le monde s'entend donc pour un plan de sauvetage dans lequel l'État va être largement impliqué. Les actionnaires avaient pris un risque, mais on ne peut pas le leur faire assumer. Où est donc rendu le fameux transfert de risques ?

Il y aurait donc trois sortes de PPP :

1. ceux qui s'effondrent et laissent l'État reprendre les activités et se restructurer pour ce faire, ce qui coûte une fortune ;

2. ceux qui s'effondrent financièrement et sont rescapés par l'État, ce qui coûte encore une fortune, et ;

3. ceux qui fonctionnent parce qu'ils ont chargé des prix exorbitants qui incluent toutes les possibilités et un profit des plus imposant surtout quand les coûts de financement baissent et que ces bénéfices sont totalement empochés par le partenaire privé.

Si c'est ce que notre gouvernement appelle le partage du risque, il y a de quoi douter de tout ce qu'il nous dit.

Revenons à notre exemple du trafic aérien au Royaume-Uni. Le groupe en charge du trafic aérien avait prévu des investissements importants pour rencontrer la croissance du trafic aérien jusqu'en 2009. Pour réduire les besoins financiers, tout le monde va accepter qu'on réduise les prévisions de trafic. Voilà une bien mauvaise raison pour réduire des prévisions. Si les prévisions étaient trop élevées, elles ont vraisemblablement servi à soutirer plus d'argent de l'État au début du contrat. Si les prévisions étaient correctes, on peut s'attendre dans quelques années, vers 2006-2007, à une opération panique pour combler le déficit d'infrastructures. Qui alors sera responsable et paiera les pots cassés ? L'État. Qui d'autre ? En fin de compte, quel que soit le système choisi et la gestion pratiquée, l'État ramasse les problèmes et doit s'assurer que les services sont donnés correctement et de manière sécuritaire.

Il est facile de deviner quelle est la cause principale de tous ces problèmes. Évidemment, il s'agit du 11 septembre 2001. Maintenant, tout ce qui ne va pas dans le monde prend sa source dans le 11 septembre 2001. Au-delà du caractère « amusant » de la chose, il est vrai que, pendant un certain temps, le trafic aérien international a diminué, pouvant affecter les revenus d'une entreprise gérant le trafic aérien qui charge aux compagnies aériennes les coûts de ses services. Nous disons « pouvant », car tandis que les aéroports américains fonctionnaient à peine ou pas du tout, d'autres endroits ont eu un afflux de passagers. Le NAO recommande donc qu'en cas de perturbation du niveau d'activité, le système de réglementation (ces prix sont réglementés) puisse permettre de partager les coûts avec les clients – dans ce cas-ci, les compagnies aériennes. Or, les compagnies aériennes ont le contrôle de la compagnie qui gère le trafic aérien, malgré leur faible niveau d'investissement.

TAB. 4.1 – Structure de propriété et de direction de la National Air Traffic Services (NATS)

Actionnaires	Participation (%)	Sièges au conseil d'administration
BAA PLC	4.2	2
Gouvernement	48,9	3
Compagnies aériennes	41,9	10
Fonds des employés	5,0	0

Source : NAO, 2004. p. 6.

Le holding qui a été créé afin de présenter une soumission pour le contrat du contrôle du trafic aérien s'appelle NATS. Bien que n'étant pas majoritaire, le conseil d'administration est fortement dominé par le groupe des compagnies aériennes : Airtours, Britannia, British Airways, British Midland, Easyjet, Monarch et Virgin. On comprend pourquoi les tarifs des atterrissages et des décollages n'ont pas été ajustés. Notons aussi que les employés peuvent avoir l'honneur de mettre leur argent dans l'entreprise, mais ils ne peuvent pas être représentés au conseil d'administration.

L'argent du refinancement n'a pas été placé directement dans un seul secteur, c'est-à-dire le contrôle aérien en Grande-Bretagne, à cause de la structure de la firme, comme le montre la figure 4.1.

L'entreprise partenaire est donc NATS Holding, cependant celle-ci possède deux compagnies. La première, NATS En Route, a le monopole de la gestion de tout le trafic aérien au-dessus du Royaume-Uni, un secteur réglementé pour lequel elle reçoit du financement public. Une autre compagnie, NATS services, est en compétition pour obtenir la gestion du trafic local dans chacun

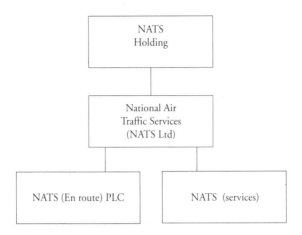

Fɪɢ. 4.1 – Structure des entreprises qui gèrent le trafic aérien au Royaume-Uni

des aéroports et pour obtenir des contrats à l'étranger. Le holding reçoit donc les investissements en actions et les réinvestit pour financer l'expansion de l'entreprise à l'étranger, ce qui arrive très souvent.

Le NAO explique pourquoi la solution du sauvetage était préférable à une reprise en main de l'organisme :

> Si un administrateur avait été incapable de trouver un nouvel investisseur privé adéquat pour NATS, une conséquence possible aurait pu être que la compagnie soit revenue éventuellement à un contrôle et à une direction du secteur public. Même si des possibilités légales de reprise de contrôle existaient, le Département [des transports] ne voulait pas que cela arrive parce que le processus des PPP en eut été renversé par le retour de NATS à la propriété et au contrôle étatique. Cela aurait pu impliquer que les clients de NATS

auraient dû supporter la perte financière. Plus largement, cette situation aurait eu des effets négatifs sur le
développement et l'utilisation des partenariats public-
privé dans le secteur public. (NAO, 2004, p. 17, notre
traduction)

Bref, si le gouvernement n'avait pas participé au sauvetage
de l'entreprise, le programme des PPP aurait pu être remis en
question. Cette situation montre bien jusqu'où les gouvernements néolibéraux peuvent aller pour justifier leurs décisions et
tenter de montrer que leur remise de l'État entre les mains de
l'entreprise privée est une bonne solution. En plus, on constate
que les clients (qui dans ce cas-ci sont aussi les actionnaires à
plus de 40 % et contrôlent largement le conseil d'administration), qui étaient les administrateurs en charge au moment de la
catastrophe, auraient perdu leur investissement. On ne pouvait
sûrement pas les laisser assumer leur risque et perdre leur investissement. En somme, les arguments sont que les contribuables
doivent ramasser la facture sans avoir de droit de regard signifi-
catif sur la gestion. Est-ce ce qu'on appelle le partage du risque ?

4.2. L'efficacité des opérations

On prétend aussi, dans la sagesse populaire, fortement
influencée par les médias, que le secteur privé opère d'une
manière plus efficace. Il n'encouragerait pas les emplois excé-
dentaires comme ce serait le cas de l'entreprise publique :

Un des principaux objectifs des politiciens est l'emploi : ils sont inquiets au sujet des votes des personnes
dont l'emploi est en danger et, dans plusieurs cas, les
syndicats ont une influence significative sur les partis
politiques. (Boycko, Shleifer et Vishny, 1996, p. 309)

Voilà bien un exemple des morceaux d'idéologie que peuvent
produire les utilisateurs de la supposée théorie des choix publics.
Cette façon de voir ne tient pas compte d'un ensemble de facteurs. Si les politiciens s'intéressent aux emplois, ce n'est pas

nécessairement pour leur conservation dans la fonction publique. Ils peuvent, par exemple, céder aux arguments (chantage convenu) d'un patron d'entreprise menaçant de fermer si on ne lui vient pas en aide. En donnant l'argent au patron, les politiciens ont l'air de sauver des dizaines, voire des centaines d'emplois et ils s'assurent un bon soutien pour la campagne électorale. Si les élus achètent vraiment des votes à travers des emplois et s'ils sont efficaces dans leurs manipulations, ne doivent-ils pas donner l'argent aux patrons plutôt qu'aux employés ? C'est exactement ce que nous observons. Les emplois dans la fonction publique diminuent constamment. Ceux qui restent sont précarisés. Pendant ce temps, des chefs d'entreprise sont couverts de fonds publics pour soi-disant conserver les emplois.

D'aucuns, cependant, comme l'Association professionnelle des ingénieurs du Gouvernement du Québec, croient que la supériorité du secteur privé n'est pas une évidence et que l'État aurait la capacité de fournir d'aussi bons services que l'entreprise privée avec ses ressources habituelles (évidemment en quantité suffisante). L'Association croit que l'entreprise privée, pour faire mieux que le secteur public, doit se livrer à la « Walmartisation » de ses conditions de travail.

L'efficacité des opérations est aussi supposée engendrer de meilleurs prix pour les contribuables. Bien qu'il n'y ait aucun exemple pratique d'une telle chose, on continue de nous la répéter. Observons quelques cas concrets afin de nous faire une idée fondée sur des données tangibles.

4.3. Le cas des prisons

Même les prisons n'échappent pas à la frénésie de privatisation des services publics qui secoue notre monde. Comme dans bien d'autres domaines, la privatisation des prisons ne relève pas seulement d'un transfert de responsabilités du secteur public au secteur privé, mais d'un changement dans la façon de considérer le rôle même des institutions :

> La privatisation d'établissements de détention s'est développée aux États-Unis au cours des année 1980, soutenue notamment par les milieux conservateurs peu favorables à la réhabilitation et désirant réduire les coûts de gestion d'une population carcérale croissante. (ASRSQ, 2004, p. 23)

La privatisation implique donc un changement de vision sociale qui n'est ni discuté publiquement ni voté par les représentants de la population. En fait, la privatisation ou la signature de partenariats public-privé ne remet pas seulement en cause la provision des services publics, mais aussi une grande partie des politiques publiques qui tombent ainsi dans la sphère privée et échappent au peu de contrôle démocratique qui subsistait. Comme d'habitude, l'arrivée de l'entreprise privée dans les services publics court-circuite le processus démocratique. Si au moins elle était efficace, on pourrait trouver un début de justification au processus :

> Une étude conduite par le Federal Bureau of Prisons à partir des résultats d'une enquête menée en 1999 auprès de compagnies dirigeant des prisons privées aux États-Unis révèle que le secteur privé rencontre des problèmes importants concernant le roulement du personnel, les événements majeurs, dont les évasions, et l'usage de drogues. [...] Les tests concernant l'usage de drogues et d'alcool pour 81 des contrats révèlent que 40 % des prisons privées présentaient des taux positifs de 3 % et plus, et que 20 % présentaient des taux positifs de 10 % et plus, alors que ce taux était inférieur à 3 % dans les prisons publiques. (ASRSQ, 2004, p. 24-25)

Ces prisons privées ont, par ailleurs, moins d'employés en moyenne, ce qui explique probablement le taux de rotation très élevé du personnel fatigué par une surcharge de travail. En dépit des promesses d'économies atteignant les 15 %, il semblerait que ces prisons n'offrent qu'un maigre 1 % d'économies, faites sur les coûts de main-d'œuvre.

Il n'existe donc aucune étude qui montrerait une réduction significative des coûts dans les prisons privées ni une quelconque amélioration des services donnés.

Les prisons privées britanniques ne semblent pas se porter beaucoup mieux. Elles sont surpeuplées et ne montrent aucun signe d'une gestion plus efficace que les prisons publiques.

> En effet, les arguments avancés pour la privatisation de la gestion des prisons incluaient la réduction des coûts, mais il a été montré que le secteur public peut être aussi efficace, voire plus efficace, en termes économiques. (ASRSQ, 2004, p. 27)

4.3.1. La prison de Penetanguishene

Dernièrement, l'Ontario a décidé de durcir sa politique envers les détenus. Ainsi, dans le but d'économiser, on entend durcir les conditions de détention, éliminer les programmes de résinsertion sociale et privatiser les prisons. L'évolution de ce programme reste cependant assez lente, compte tenu des résultats mitigés qui ont été obtenus dans les premiers essais. Le lecteur nous excusera de citer longuement cet exposé de la situation qui montre bien que la performance des centres privés devient difficile à évaluer à cause de l'absence de renseignements et des méthodes utilisées pour rendre ces centres rentables.

> Le Central North Correctional Center à Penetanguishene a ouvert le 10 novembre 2001. Depuis, plusieurs incidents sont survenus, qui ont soulevé des questions quant à la qualité des services du Management and Training Corporation (MTC), l'entreprise sous contrat pour la gestion de l'établissement. À peine deux semaines après l'ouverture de l'établissement, 20 des 68 détenus se seraient soulevés sous la forme d'une action collective le 18 novembre 2001, tandis qu'à la même période certains détenus auraient entamé une grève de la faim pour dénoncer les conditions de détention. Celles-ci incluaient un manque de manteaux pour porter à l'extérieur, un manque de

chauffage, l'absence de couvertures supplémentaires et le refus du personnel de prendre des messages pour des détenus, même pour des appels décrits comme « urgents et personnels ». En août 2002, un quotidien, le *Toronto Star*, mentionne un autre événement collectif ayant impliqué entre 100 et 180 détenus qui protestaient contre la qualité des soins médicaux et de l'alimentation, les fouilles et le manque d'accès à des installations telles que la bibliothèque. Enfin, en septembre 2002, il a été question d'une troisième action collective dans cet établissement. Bien qu'il aurait concerné 100 détenus, cet incident n'a presque pas reçu d'attention de la part des médias. Les représentants du ministère interrogés avaient alors déclaré qu'en raison de la gestion privée, ils avaient très peu d'informations sur ce qui s'était passé. Le coût quotidien par détenu de 79,45 $ pour le centre correctionnel de Penetanguishene, inférieur au coût quotidien par détenu dans les centres correctionnels de la province s'élevant à 140 $, semble en effet obtenu par une réduction des coûts des services et du personnel, qui pose des problème de gestion et affecte la situation des personnes incarcérées. En 2003, les employés du centre correctionnel protestaient contre le manque de personnel à l'intérieur de l'institution et lors des escortes à l'extérieur, bien que l'administrateur de la prison ait assuré que le nombre d'employés répondait aux normes provinciales et qu'il existait un comité de surveillance. Les ratios des effectifs n'ont cependant pas été fournis, invoquant des raisons de sécurité. De plus, une supervision inadéquate par rapport au niveau de sécurité semble avoir été notée, notamment concernant le délai d'intervention lors d'événements de violence. Cinq détenus sont morts depuis l'ouverture de l'établissement, dont un poignardé et un mort à la suite de mauvais soins médicaux, services qui ont fait l'objet de nombreuses plaintes de la part des détenus. (ASRSQ, 2004, p. 31-32)

Notons, au passage, la totale mauvaise foi d'une société qui prétend vouloir réhabiliter les criminels et qui les parque dans des endroits où toute dignité humaine devient impossible.

4.3.2. Une prison privée au Québec

Il est question de construire une telle prison au Québec, dans la région de Montréal. Un élément qui, de prime abord, peut faire douter de la pureté des motifs du gouvernement dans ce projet est l'inutilité de cette prison à moyen terme.

> Pour répondre à cette question, le comité a examiné l'évolution de la criminalité, l'évolution des données démographiques et l'évolution de la population carcérale. Ces données témoignent d'une baisse de la criminalité, du vieillissement de la population et d'une diminution du recours à l'incarcération. Sur la base d'une analyse de ces données, le comité a convenu qu'outre le problème de désuétude de certains centres de détention, les données analysées confirment qu'il n'y a pas de raison de croire que le Québec a un besoin accru de cellules. (ASRSQ, 2004, p. 2)

De toutes manières les prisons québécoises (qui accueillent les détenus dont les sentences sont de moins de deux ans) sont encombrées de cas qui pourraient être bien mieux traités autrement. Il est difficile de comprendre pourquoi des changements majeurs dans le mode d'établissement des sentences n'ont toujours pas été mis de l'avant. Il apparaît évident que de vraies sentences réparatrices pourraient être beaucoup plus efficaces. Mais réparer doit coûter plus cher que punir...

Le public ne connaît que les cas de détenus fortement médiatisés, tels ceux de « Mom » Boucher et de Guy Cloutier. Pourtant, dans les prisons provinciales, il s'agit d'une toute autre dynamique sociale. Nous pourrions mettre sur pied des alternatives crédibles à l'incarcération qui seraient autrement profitables pour la population en général et pour le contrevenant lui-même. Enfin, les dernières informations au sujet de la surpopulation dans les prisons provinciales montrent que des remises en liberté sont quasi automatiques au sixième de la sentence.

Des intervenants du milieu carcéral prétendent que des ailes entières de centres de détention fédéraux situés au Québec seraient vides (ASRSQ, 2004). Il serait plus approprié, si l'on ne peut faire autrement, d'occuper ces sections qui ont été construites aux frais des contribuables québécois, plutôt que de se lancer dans de nouvelles constructions.

4.3.3. L'expérience britannique

Au Royaume-Uni, on trouve trois formes de prisons. Celles qui sont gérées par le service correctionnel, celles qui sont gérées par le privé et celles qui sont gérées par des PFI (Public Finance Initiative), c'est-à-dire des groupes constitués de personnes qui œuvraient déjà dans les prisons. Il s'agit d'une forme de prise en charge par les employés. Dans ce cas, on a une avenue qui pourrait être intéressante dans une perspective d'autogestion. Quand les institutions sont déjà construites, l'investissement monétaire est minime, voire inexistant, et les employés pourraient ainsi se lancer dans des expériences d'autogestion. Quoiqu'il en soit, il n'est pas question de transformer des emplois de qualité en emplois d'exploités. Faire peser une pression indue sur les prisonniers au nom d'un mode de gestion dont le nom serait « politiquement correct » est tout aussi inadmissible.

Plusieurs contrats de gestion des prisons, anciennement gérées par le secteur privé, ont été remportés, lors des appels d'offres, par les équipes locales. Cependant, le NAO trouve difficile d'évaluer la performance des prisons gérées par des PFI.

> Les prisons PFI sont souvent présentées comme des exemples réussis d'utilisation des PFI pour fournir tous les éléments essentiels d'un service public. Cependant, le succès des équipes de gestion internes dans le processus d'appel d'offres contre le secteur privé pour la gestion des opérations dans les prisons a été considéré comme un exemple de l'amélioration des performance, au point que le Service des prisons

peut maintenant se porter comme concurrent avec succès au niveau des coûts d'opérations. Il y a peu d'informations disponibles sur la performance opérationnelle des prisons gérées par des PFI comparée à d'autres prisons ou quant au fait de savoir si l'utilisation des PFI a amené d'autres avantages au Service des prisons. (NAO, 2003, p. 5, notre traduction)

Même en comparant la performance de ces prisons avec les contrats qui avaient été signés, la qualité de la gestion ne semble pas ressortir à l'évidence. Certaines semblent s'en sortir mieux que d'autres. Ce qui apparaît clairement toutefois est l'effet que peuvent avoir des décisions privées sur des activités publiques. De plus, le Service des prisons demeure toujours ultimement responsable et doit intervenir en cas de problème. Cette responsabilité implique que certains coûts demeurent dans la gestion publique même quand la gestion des services est globalement privatisée. Donc, la privatisation n'élimine pas tous les coûts publics autres que ceux du contrat spécifique.

> Le fait pour un contracteur de ne pas remplir les conditions du contrat peut avoir des conséquences sérieuses et des effets directs sur le Service des prisons. Par exemple, de sérieux problèmes à Ashfield ont forcé le Service des prisons à transférer tous les jeunes contrevenants dans d'autres établissements et à prendre le contrôle de l'établissement. Le contracteur va se voir imposer d'importantes pénalités financières comme conséquences des problèmes survenus à Ashfield, mais le Service des prisons a eu à prendre la responsabilité ultime pour s'assurer que l'établissement était sécuritaire pour les jeunes qui s'y trouvaient et s'occuper de reloger ceux qui ont dû être transférés. (NAO, 2003, p. 6, notre traduction)

Le Service des prisons britannique apparaît plus alerte que son équivalent canadien qui n'a pas connaissance de ce qui se passe à Penetanguishene.

Le vérificateur britannique se demande également si les prisons construites et contrôlées par des PFI ont la flexibilité suffisante pour s'adapter aux changements dans la philosophie du système correctionnel, des changements qui vont davantage dans le sens de la réhabilitation que dans celui du travail continuel dans des ateliers. Les contrats sont relativement rigides dans leur structures sinon dans les détails, ce qui rend potentiellement très onéreux le fait de les modifier en cours de route. Or, il s'agit de contrats de 25 ans, ce qui implique que tout changement dans la philosophie va devoir attendre, disons, un certain temps.

De plus, le contrôle de ces prisons ferait lui-même défaut. En vertu des contrats, après le rapport officiel d'un contrôleur, le gouvernement impose des pénalités pour les manquements aux termes des contrats. Or, surtout au début de l'expérience, les rapports étaient constamment contestés et modifiés, rendant ainsi les clauses inopérantes.

Finalement le vérificateur britannique conclut qu'il ne peut savoir si les prisons privées sont meilleures que les prisons publiques. Disons toutefois que les prisons privées sont de construction récente, donc, en théorie, plus efficaces sur le plan des coûts. Par ailleurs, elles ont été construites pour fournir aux prisonniers les activités (ateliers) qui ne sont pas toujours disponibles dans des établissements conçus il y a plus d'un siècle.

Le vérificateur note aussi que les contrats ne sont pas standardisés. Par exemple, dans une prison, la pénalité pour une évasion peut être de 50 000 £ alors que dans une autre elle est de 60 000 £. Les conditions de travail dans le secteur privé sont moins bonnes et le taux de rotation du personnel dépasse parfois les 40 % dans certains endroits alors qu'il se maintient en moyenne autour de 6 % dans le secteur public (chiffres de 2001-2002).

La disparité dans les conditions de travail, principalement les conditions salariales viendraient-elles du fait que le taux de gardiennes est beaucoup plus élevé dans les prisons privées que dans les prisons publiques ?

En fait, la « flexibilité » de la main-d'œuvre serait la principale innovation apportée par le secteur privé. Cela ressemble plutôt à un retour en arrière. Cet élément doit être souligné car un des arguments invoqués fréquemment en faveur des PPP est l'innovation qui serait générée par la concurrence inhérente au secteur

Tab. 4.2 – Comparaison des conditions de travail d'un gardien du secteur privé et du secteur privé au Royaume-Uni (2001-2002)

	Secteur public	Secteur privé
Salaire annuel moyen de base (£ par année)	18 550	14 500
Écarts salariaux	16 159 à 23 110	11 500 à 17 500
Semaine normale (heures)	39	40-42
Paiement des heures supplémentaires	Congés ou compensation de 11£ l'heure	Aucun, taux normal ou taux majoré de 1,5
Pension	Plan basé sur le salaire final, l'employeur contribue pour 18,5 % du salaire	Plan basé sur ce qui a été payé, la contribution de l'employeur se situe entre 2 et 5 %
Congés annuels	22 à 30 jours	20 à 27 jours

Source : NAO, 2003, p. 27 (notre traduction)

privé. Rappelons aussi que les prisons privées sont récentes tandis que les autres peuvent être très anciennes, surtout en Europe.

> Les coûts de personnels comptent pour environ 80 % des coûts d'opération d'une prison. En conséquence, l'innovation du secteur privé s'est portée sur une utilisation plus efficiente de la main-d'œuvre. Les heures de travail dans les prisons PFI permettent d'allonger les heures de visite et même aux prisonniers de manger avec leurs familles. [...] Cependant, le secteur privé a eu moins de succès dans le développement de son personnel pour les emplois de direction. Les directeurs des prisons privées sont recrutés parmi les directeurs de prisons d'État plutôt que dans le personnel des prisons privées (même si certaines sont gérées par le sec-

teur privé depuis 10 ans). [...]. (NAO, 2003, p. 33, notre traduction)

Cette belle flexibilité montre une image moins flatteuse que celle présentée par le vérificateur. Les prisons privées embauchent un personnel peu formé, moins bien payé que dans les prisons publiques. Ce personnel ne songe pas à faire une carrière dans ce métier et ainsi les promotions sont peu nombreuses. En conséquence, on profite d'une main-d'œuvre peu qualifiée qui peut être mal payée et qui peut aussi être dirigée comme on le veut, c'est-à-dire se voir imposer des horaires flexibles et difficiles. Dans ces conditions, on ouvre la porte à la tentation pour les gardiens de laisser passer de la drogue en fermant les yeux (et en tendant la main), ou même laisser filer des détenus contre une bonne rémunération. Toutes les conditions sont réunies.

Concluons enfin en soulignant les difficultés de comparer et donc d'évaluer la performance des gestionnaires privés vu la piètre qualité de l'information qui circule dans le système. Le Gouvernement du Québec, dont on peut douter de l'impartialité quand il est question de PPP, a publié un registre des partenariats dans le monde. Pour les prisons du Royaume-Uni, dont nous venons de parler, voici ce qui est dit :

> – Attribution en 1996, de deux contrats d'une durée de 25 ans pour la conception, la construction, le financement et l'exploitation des centres de détention de Bridgend et Fazakerly.
> – Devenus totalement opérationnels en 1998, les coûts de construction des deux centres ont été de 10 % inférieurs aux coûts de construction en mode conventionnel. (Bureau des partenariats d'affaires, 2003, p. 2)

L'information est grandement tronquée par rapport à ce qu'on vient de voir dans le rapport du vérificateur du Royaume-Uni, mais elle est, de plus, biaisée. Même si les coûts de construction étaient réellement inférieurs de 10 % aux coûts conventionnels, combien cela va-t-il coûter aux citoyens ? Les prisons ainsi construites sont assorties de contrats d'exploitation de 25 ans, donc elles restent sous le contrôle de leurs constructeurs pour cette période. En quoi leur coût de construction est-il suffisant et pertinent? Combien paieront les citoyens au bout du compte? Il est clair que ce document, produit par le Conseil du trésor, en dit plus sur l'honnêteté de la démarche de la présidente du Conseil, qui par ailleurs se gargarise de transparence, que sur les projets eux-mêmes.

Le même document parle aussi de Penetanguishene, en Ontario, en faisant remarquer que dans les prisons publiques (et l'on se rappelle que les coûts sont à 80 % pour la main-d'œuvre) un détenu coûte 140 $ par jour, mais que le contrat s'est fait à 79,45 $ par jour. Nous savons tous qu'on peut couper dans le budget de la main-d'œuvre et privilégier une baisse des qualifications et des salaires, qu'on peut aussi couper sur la nourriture et ne pas fournir les services de santé ni les services spécialisés, mais une petite phrase fait peur : « les revenus additionnels du partenaire privé sont liés à l'exploitation d'activités connexes. » Est-ce à dire qu'on leur a donné le droit de transformer les prisonniers en esclaves et que le Conseil du trésor trouve que c'est une innovation intéressante?

Dans le rapport du vérificateur général britannique, le pire cas, ayant même forcé les autorités publiques à mettre la prison sous tutelle et à déménager une partie des jeunes qui y étaient incarcérés, est celui d'Ashfield. Voici ce qu'en dit le Conseil du trésor :

> – Attribution d'un contrat de 25 ans pour la conception / réalisation / exploitation d'une institution pour jeunes contrevenants à Pucklechurch près de Bristol.
> – En exploitation depuis février 2000.
> – Dès leur admission, un plan personnel de développement est élaboré pour chacun des jeunes contrevenants.
> – Un rapport du Chef inspecteur des prisons conclut que cette institution est parmi les plus progressistes dans le traitement des jeunes délinquants et que l'approche de réintégration de cette institution est plus créatrice que celle de plusieurs prisons publiques. (Bureau des partenariats d'affaires, 2003, p. 3)

Il est étonnant que, dans ce cas où le financement n'est pas inclus, c'est-à-dire qu'il a été assuré par le secteur public, on ne fasse pas état du coût de construction, alors que ce serait pertinent. Cette prison, mise en tutelle à cause du taux effarant d'agressions, est une réussite de réhabilitation selon le Conseil du trésor.

Il est clair que ceux qui ont la responsabilité de nous informer correctement pour nous permettre d'assumer notre rôle de citoyen ne font que nous tromper et nous donner une information grandement manipulée pour que nous arrivions à la conclusion qui les intéresse. En lisant leurs descriptions des projets de Moncton et de Hamilton, on peut reconnaître les chiffres promis au départ par les compagnies ayant eu les contrats. Rien sur les chiffres réels que l'on a connu depuis. Quand on regarde également leurs sources d'information, la surprise diminue. Leurs informations viennent uniquement des compagnies et des organismes faisant la promotion des partenariats.

4.3.4. Un réaménagement en douce de la société

Au-delà des arguments économiques, s'il en est, la question de remettre les prisonniers entre les mains de l'entreprise privée pose des problèmes importants. Voulons-nous refaire à l'envers tout le chemin parcouru dans la reconnaissance des droits des détenus ? Sommes-nous prêts à les transformer en machines au service du profit privé ?

Si l'entreprise privée construit ses usines attachées aux prisons, combien de travailleurs allons-nous encore mettre au chômage pendant que les profits, largement inconnus, des entreprises privées continuent d'augmenter ? Toutes les fois qu'on parle de faire travailler les bénéficiaires de l'aide sociale pour le maigre chèque qu'ils reçoivent ou de faire travailler les prisonniers à produire des biens de consommation, on parle aussi de réduction massive des conditions de travail, d'élimination des syndicats et d'exploitation outrancière. Il s'agit d'un retour en arrière dramatique. Est-ce le genre de société que nous voulons ?

Si les prisonniers doivent travailler à produire des biens vendus sur le « marché », qu'ils le fassent au salaire du marché, voilà qui contribuerait peut-être à les réhabiliter. Ceci dit, le doute est permis. En effet, quelle différence y a-t-il entre le fait de travailler dans un atelier attenant à une prison où vous avez une chambre et celui de travailler dans une usine où vous vous rendez difficilement en transport en commun pour rentrer le soir dans une chambre insalubre dans laquelle vous vous nourrissez tant bien que mal ?

> Mais quelles que soient les causes du maintien des bas salaires – et je suis convaincue que mes commentaires ne font qu'effleurer la surface –, le fait est que beaucoup de gens gagnent moins que ce qu'il leur faut pour survivre. The Economic Policy Institute a récemment examiné des douzaines d'études définissant un « salaire de survie » et en a conclu qu'un revenu moyen de 30 000 $ par an, pour une famille d'un adulte et de deux enfants, correspondait à ce niveau de survie (ce revenu annuel équivaut à un salaire horaire de 14 $). Ce n'est pas un minimum absolu : ce budget inclut en effet une assurance maladie, un téléphone, une aide pour une crèche, entre autres – ce qui représente des avantages hors d'atteinte pour des millions de travailleurs. Mais il n'inclut pas de repas dans des restaurants, de location de vidéos, l'accès à l'Internet, du vin et des alcools, des cigarettes et des billets de loterie (et pas des masses de viande). Ce qui est choquant, c'est que 60 % environ des travailleurs aux États-Unis gagnent moins de 14 $ de l'heure. Bon nombre d'entre eux ne s'en sortent qu'avec le revenu complémentaire d'une épouse ou d'un enfant adulte. Certains ont recours à l'aide sociale sous la forme de tickets d'alimentation, d'aides au logement, de crédits sur l'impôt sur le revenu ou de crèches gratuites – pour ceux qui sont en fin de chômage dans des États relativement généreux. Mais les autres – les mères célibataires par exemple – n'ont rien d'autre que leur propre salaire, quel que soit le nombre de bouches à nourrir. (Ehrenreich, 2004, p. 322-323)

Évidemment, tant qu'à vivre de cette façon, on est probablement mieux en prison et si la réhabilitation conduit à s'intégrer dans ce monde-là, on peut s'attendre à ce que les taux de récidive ne diminuent pas. Si la prison doit transformer les gens en esclaves, d'un certain côté on peut dire qu'ils seront préparés à vivre dans la société décrite par Barbara Enrenreich. Cependant, il s'agit là du chemin inverse auquel devrait prétendre une société juste.

Puisque nous passons sur ces questions, profitons-en pour souligner que les États-Unis, qu'on nous propose souvent comme modèle de l'efficacité privée, sont devenus un bourbier incroyable dans lequel la fracture sociale peut revendiquer le nom de canyon et où des couches entières de la population vivent dans des conditions rendant enviables celles de plusieurs pays du tiers-monde (Sen, 2003).

4.4. D'autres cas

Partout dans le monde et dans tous les secteurs d'activité, la privatisation ou la cession d'une partie des services publics au secteur privé a amené des hausses de tarifs.

La route 407

En Ontario, la fameuse autoroute à péage, la 407, a connu, dans un premier temps, une surfacturation puisque des automobilistes ont reçu des factures émises automatiquement pour des voyages qu'ils n'avaient pas faits. Malgré cela, le discours sur le maintien des tarifs reste le même au sein des médias et chez les politiciens, ce qui permet de douter de leur intégrité. Mais, de plus, dans le cas de la 407, les tarifs des péages ont augmenté dans un court laps de temps jusqu'à 200 % du tarif initial, le promoteur estimant avoir le droit de procéder à de telles augmentations selon son bon vouloir.

Le gouvernement a, en plus des péages de l'entreprise privée, signé un bail de 99 ans, période durant laquelle les contribuables d'aujourd'hui et de demain devront payer en plus, avec leurs taxes, des loyers annuels qui permettront au gouvernement de racheter la route au terme du bail. Feriez-vous une transaction de ce genre avec une maison ? L'entrepreneur bâtit la maison, vous payez le loyer pour un certain nombre d'années, vous donnant le droit d'acheter la maison à un moment donné. En plus, toutes les fois que vous entrez ou sortez ou que quelqu'un vient chez vous, il y a un péage dont le revenu va à l'entrepreneur et dont le tarif peut augmenter selon son bon plaisir. Je ne crois pas que quiconque, à part un gouvernement téléguidé, pourrait trouver un tel arrangement acceptable.

Les expériences dans le domaine du transport ne se sont pas soldées par des résultats positifs. Le Groupe de travail fédéral-provincial-territorial sur les partenariats entre les secteurs privé et public trouve plusieurs inconvénients majeurs à la formule PPP dans le secteur routier :

- Les PPP financés par des péages (même subventionnés) ne peuvent répondre aux besoins de l'ensemble du réseau canadien. Ils ne sont viables que dans la partie du réseau la plus utilisée et la plus congestionnée. Sur les routes à trafic réduit, ils pourraient nuire au développement économique régional.

- Les PPP financés par des péages créent un phénomène de détournement du trafic vers d'autres routes, imposant un fardeau et des coûts indus au secteur public qui entretient ces routes et aux usagers qui les utilisent (congestion). En fait, cette mesure est discriminatoire pour les automobilistes les moins fortunés.

- Les PPP financés par des péages risquent d'avoir un effet sur les coûts du transport et, par conséquent, sur la compétitivité commerciale du Canada. De même, ils risquent d'affecter l'industrie touristique.

- L'approche PPP pourrait avoir des conséquences importantes sur la structure de l'industrie de la construction routière, en accélérant sa concentration et en empêchant les petites entreprises d'accéder au marché.

- Le coût du financement du secteur privé étant plus élevé que celui du secteur public, le coût de la construction des routes en mode PPP risque d'être plus élevé.
- Même si les projets de PPP regroupant la conception, la construction et l'exploitation présentent la meilleure optimalisation des ressources, ces projets n'allègent pas autant que prévu les finances publiques, l'État devant engager des fonds considérables dans les partenariats.
- Les coûts administratifs, juridiques, contractuels et de surveillance du rendement du partenariat durant le cycle de vie de l'infrastructure sont élevés, de l'ordre de 4 à 8 %.
- Il est difficile de transférer les risques au partenaire privé sans remettre en cause sa profitabilité, voire le conduire à la faillite (dans le cas où les risques s'actualiseraient) ou sans lui garantir des taux de rendement sur le capital supérieurs à ceux prévus. Le transfert pourrait s'effectuer à un coût prohibitif. Et c'est pourquoi on ne remarque pas un mouvement important de transfert de risques au secteur privé dans les exemples de PPP canadiens.
- Le secteur privé est motivé par le profit et les routes sont perçues comme un monopole naturel. Le partenaire du secteur privé pourrait être tenté de pratiquer des prix monopolistiques et de retirer des profits excessifs. Même soumis aux pressions de la concurrence par le processus d'appel d'offres, le partenaire du secteur privé pourrait obtenir des taux de rendement très élevés par le biais de contrats plus ou moins ouverts aux imprévus (réels ou prétendus), par la réduction indue des coûts en s'écartant des normes de base (livraison d'un produit de qualité inférieure qui ne satisferait pas aux exigences de sécurité et de rendement) et par le biais de l'augmentation excessive des tarifs.
- Les meilleures dispositions contractuelles ne peuvent anticiper tous les risques et l'ensemble des problèmes de sécurité et de dégradation avant

la clôture financière. Le partenaire privé d'un PPP pourrait refuser de couvrir les frais des modifications de l'infrastructure reliées à des problèmes imprévus. Le secteur privé jouit d'une plus grande souplesse pour résoudre ce type de problème. (Le Groupe de travail fédéral-provincial-territorial sur les partenariats entre les secteurs privé et public, cité par : CSN, 2004, p. 22-23)

Certains de ces arguments peuvent paraître moins importants, voire frileux. Mais additionnés, ils forment un tout qu'on peut difficilement rejeter du revers de la main, surtout qu'on y reconnaît bien certaines pratiques chères à l'entreprise privée. Pour le Groupe de travail et pour la CSN, l'exemple de la route 407 illustre à merveille une bonne partie des arguments avancés en défaveur des PPP.

Le projet GIRÈS

Ce projet avait pour but l'uniformisation des systèmes informatiques de gestion du gouvernement.

Le gouvernement québécois a dilapidé au moins 170 millions de dollars dans ce projet, en pure perte. Où est le « partage des risques » censé être un avantage des PPP ? Mme Jérôme-Forget n'hésite pas à critiquer ce fiasco, mais estime que GIRÈS n'était tout simplement pas un PPP. Ajoutons que GIRÈS a montré combien il peut être risqué de se lancer dans un PPP dans le domaine de l'informatique. Une étude américaine a d'ailleurs démontré « que seulement 28 % des projets d'informatisation dans les secteurs public et privé ont été menés conformément au budget et délais initiaux. » Voilà qui devrait inciter à la prudence. (SFPQ, 2004, p. 10-11)

La ministre est prête à jouer sur les mots pour avoir raison. On voit bien que d'autres intérêts que le bien public la motivent. Dès lors, quand viendra le temps d'évaluer les résultats des projets que son gouvernement aura mis de l'avant, pourra-t-on s'attendre à plus d'honnêteté de sa part ? Il est fortement permis d'en douter et de penser qu'elle tournera les informations en sa faveur, de toutes les façons possibles. Ce qui nous amène, dans ces deux ordres d'idées – informatique et mensonge – au registre des armes à feu.

Le registre des armes à feu

Voici un beau cas pour parler de partage de risque. Le registre des armes à feu devait coûter autour de 2 millions de dollars. Le gouvernement fédéral avait conclu, avec une firme d'informatique dont la maison mère est au Texas, un contrat d'un peu plus d'un million de dollars pour faire le travail. Au bout du million, il était impossible de voir la fin des travaux se profiler ; en fait, la compagnie contractante n'avait rien à montrer au gouvernement. La firme, qui avait si honteusement failli, a reçu encore quelques centaines de millions de dollars de nouveaux contrats. On ne parle pas ici de majorations normales pour finir un contrat mal évalué, on parle de passer d'un million à des centaines de millions. Au bout de 750 millions de dollars de contrats, le registre n'existe toujours pas et personne n'a de raisons sérieuses de croire qu'il existera. Aujourd'hui, on estime que pour finir le travail, il faudra aller jusqu'à 2 milliards de dollars.

> Dans son rapport 2002, la vérificatrice générale avait, faut-il le rappeler, dénoncé le gaspillage d'argent lié au Programme canadien des armes à feu. Sheila Fraser avait établi que le prix total du Programme, qui devait à l'origine coûter deux millions de dollars, atteindrait le milliard en 2005. Une enquête menée par Radio-Canada avait par la suite révélé que le registre des armes à feu coûterait au total deux milliards de dollars. (Fleury, *Le Soleil*, 29 novembre 2004, p. A3)

Évidemment, ces centaines de millions de dollars n'avaient jamais été approuvés par le Parlement. Il a donc fallu, pour le gouvernement et les ministres responsables, selon les déclarations du ministre Cauchon, trafiquer des budgets, réallouer des sommes, s'emparer de surplus, etc., pour être en mesure de dépenser autant d'argent sans l'approbation directe des élus.

Pour avoir raison, ou parce qu'ils étaient payés pour le faire, les membres du gouvernement ont triché et menti sans vergogne pour détourner des ecntaines de millions de dollars des taxes des citoyens au profit d'entreprises privées dont les honoraires augmentent tandis que leurs travaux n'aboutissent pas. Est-ce là le partage du risque et la responsabilité de l'entreprise en cas de problème ? À quoi pouvons-nous donc nous attendre, au Québec, dans le dossier des PPP, quand la ministre a déjà commencé à jouer sur les mots.

Le cas de British Rail

Le cas de British Rail est si intéressant que nous nous permettrons de citer longuement le SFPQ :

> Quant à la sécurité, un des exemples les plus catastrophiques nous vient également du Royaume-Uni. En 1994, le gouvernement conservateur procède à la privatisation du réseau de chemin de fer britannique, la société d'État British Rail, qui est démantelée et partagée entre diverses compagnies, dont Railtrack qui devient propriétaire des voies ferrées. Résultat ? Des accidents plus fréquents et plus dommageables, des tarifs plus élevés (deux à trois fois plus qu'en France, où le système est public), des retards chroniques (quand on est habitué à la ponctualité des trains en Europe !), des trains branlants, bondés et vétustes, qui n'arrêtent pas aux gares prévues, qui grillent des feux rouges pour économiser du temps. Même privatisé, le réseau est subventionné, mais les subventions que Railtrack reçoit de l'État (2,7 milliards d'euros en 1998 – 4,8 milliards de dollars) ne sont pas investies dans les installations et la sécurité. En 1999, l'accident ferroviaire le plus meurtrier survient : 31 morts et 400 blessés. En 2000, le premier ministre Blair déclare que les chemins de fer sont devenus « un enfer absolu ». Bref, les britanniques se retrouvent avec un système moins fiable, moins sécuritaire et plus cher. À l'automne 2001, Railtrack croule sous une dette de 5

milliards d'euros (8,8 milliards de dollars) et est mise sous tutelle. (SFPQ, 2004, p. 12)

Il faut se rendre à l'évidence : l'entreprise privée n'est pas là pour augmenter la sécurité ni pour améliorer des services qu'elle offre en situation de monopole. Au contraire, son objectif est d'augmenter ses profits, ce qui n'est pas compatible avec les deux premiers objectifs, surtout dans des situations où il n'y a pas de concurrence.

En effet, invoquer la concurrence dans le cas des PPP est d'office douteux. Comme les contrats sont souvent établis pour une durée de 25 ans, la concurrence ne joue que lors de l'adjudication, c'est-à-dire une fois toutes les 25 ans, ce qui n'est pas beaucoup pour un mécanisme sensé être essentiel.

Les écoles de la Nouvelle-Écosse

La Nouvelle-Écosse avait donné des contrats en partenariat pour la construction de 30 écoles avant la fin de juin 2000. L'école PPP de Halifax avait même reçu un prix. Mais les choses n'allaient pas si bien que ça :

En 2001, les étudiants et le personnel de l'école buvaient toujours de l'eau embouteillée, 12 mois après la découverte d'arsenic dans le réseau de l'école. Le problème se posa donc : qui de la commission scolaire ou des propriétaires privés de l'école était responsable de fournir de l'eau propre aux élèves ? Ce fâcheux incident n'est qu'un exemple d'une longue liste. Quand au droit de propriété du partenaire privé, il s'est avéré que celui-ci comportait des effets pervers pour la communauté. Les contrats stipulaient que les propriétaires pouvaient disposer des écoles pour leurs activités. Plusieurs écoles hautement technologiques sont devenues rapidement le lieu de cours privés d'informatique le soir et les fins de semaine, l'accès aux locaux devenant soit impossible, soit très dispendieux pour la communauté. Et pour compléter, l'ensemble des écoles PPP de Nouvelle-Écosse devraient coûter aux contribuables 32 millions de dollars de plus que si elles avaient été construites de manière traditionnelle. (CSQ, 2004, p. 19-20)

L'entreprise privée fait financer les appareils onéreux par l'État afin de s'en servir pour donner des cours privés. Quand les appareils ainsi surutilisés devront être réparés ou remplacés, gageons que c'est le gouvernement qui devra en assumer les frais. De plus, la communauté a perdu une de ses infrastructures collectives, puisqu'elle ne peut plus utiliser l'école sans que cela coûte une fortune. L'affaire, encore une fois, semble bien mal engagée pour les citoyens, tellement mal engagée que le gouvernement a, une fois de plus, dû revenir sur ses pas.

> Au cours des dernières années, un changement de cap a également eu lieu dans une autre province canadienne quant au partenariat public-privé, cette fois dans le secteur de l'éducation. En 2000, le gouvernement de la Nouvelle-Écosse faisait marche arrière et abandonnait son plan de construction d'écoles après avoir constaté que l'opération était trop coûteuse, un ensemble de projets en mode PPP ayant excédé de 32 millions de dollars le budget initial. Le ministre des Finances de l'époque, Neil LeBlanc déclarait : « [...] the PPP school program was an expensive experiment that cost Nova Scotians dearly. » (La construction des écoles en mode PPP fut une expérience coûteuse pour les Néo-Écossais.) (CSN, 2004, p. 24)

Nous obtenons encore une fois le même résultat. Les PPP ont coûté beaucoup plus cher que prévu. Où est donc ce beau partage du risque dont on nous parle sans arrêt et qui doit donner à l'entreprise privée la responsabilité des dépassements de coûts ? Nous le voyons bien, pour un contrat dans lequel l'entrepreneur a assumé en partie les dépassements financiers (le pont de l'Île-du-Prince-Édouard), il y a des dizaines de contrats pour lesquels les administrations publiques ont payé les pots cassés.

Un hôpital privé à Calgary

L'acharnement des gouvernements à faire approuver les partenariats public-privé suscite la méfiance. Noam Chomsky soulignait que, pour justifier la privatisation, il suffisait de couper les subsides à un organisme public et de laisser pourrir la situation jusqu'à ce que les citoyens se plaignent. Ils sont alors mûrs pour accepter la privatisation. Cette situation semble s'être produite dans le cas de l'hôpital privé de Calgary.

> Un autre exemple rend la CSQ plus que méfiante en matière de PPP. La ville de Calgary possède le seul hôpital privé canadien : le Health Resource Center. Propriété de la société Health Resource Group (HRG), cet établissement est le seul hôpital canadien à but lucratif à offrir des services de remplacements d'articulations, comme la hanche, le genou et l'épaule, et de chirurgie de la colonne vertébrale exigeant une hospitalisation de plus de 24 heures. Ces services sont facturés à la Régie de la santé de Calgary. Cette intrusion du privé a été rendue possible grâce à la Loi 11 du gouvernement Klein qui, à la suite de la fermeture de trois hôpitaux dans la région de Calgary, constatait un important problème d'accès aux soins et, conséquemment, stipulait que la pénurie ne pouvait être comblée que par le recours au privé. Ce qui fut fait ! (CSQ, 2004, p. 20)

Le gouvernement a tout mis en place pour en arriver à la solution qu'il voulait. C'est de la manipulation pure et simple de l'opinion publique. Nous sommes malheureusement témoins de trop de ces cas chez nous pour croire que ce type de manipulation n'existe qu'en Alberta.

Depuis l'hôpital de Calgary, d'autres ont été réalisés en PPP : à Ottawa et à Brampton, notamment. Les coûts de ces constructions seraient de 10 % plus élevés qu'avec le mode conventionnel de construction. L'étude du Centre canadien des politiques alternatives évoquait trois raisons pour ces coûts supplémentaires : les coûts d'emprunt plus élevés, la recherche du profit et les coûts de transaction lors des différentes étapes du projet.

Même le gouvernement de l'Ontario, moins intéressé ou moins buté que la présidente du Conseil du trésor, aurait changé d'idée sur la question :

Soulignons que le gouvernement ontarien a changé de position récemment sur les projets d'Ottawa et de Brampton et sur les PPP en général. Le 30 août dernier, le ministre ontarien de la Santé et des Soins de longue durée, monsieur Georges Smitherman, déclarait que des modifications seraient apportées aux contrats de PPP des hôpitaux d'Ottawa et de Brampton, afin que l'administration soit entièrement sous contrôle public. Dans la même volée, il affirmait que son gouvernement ne considérait plus les PPP comme une solution à long terme pour la construction d'hôpitaux. Selon le ministre, « Il faudrait construire plusieurs hôpitaux en Ontario, mais le système 3P n'est pas une solution pour nous à long terme. Il faudra trouver des solutions différentes en ce sens et nous travaillons déjà là-dessus. » (CSN, 2004, p. 24)

Voilà bien un secteur où nous pourrions tirer avantage de notre prétendu retard quant aux PPP : ne pas refaire les mêmes erreurs qu'ailleurs ! Mais Mme Jérôme-Forget est imperméable à tous les arguments ; elle a des intérêts, ça lui suffit.

Le transport toulousain

Il arrive aussi que des PPP fonctionnent, c'est-à-dire que les services fournis soient adéquats. Cependant, ils coûtent alors, la plupart du temps, trop cher pour la communauté et deviennent de véritables freins au développement.

Des six grands projets de partenariats élaborés au cours des années 1990 dans les villes moyennes françaises (Val d'Orly, Grenoble, Toulouse, Rouen, Strasbourg et Caen), deux seulement ont résisté au temps. Après sa faillite, Orlyval a été repris par le Syndicat des Transports Parisiens. Quant aux villes de Grenoble, Rouen et Toulouse, elles ont mis fin aux contrats de concession quelques années après l'entrée en service des nouveaux réseaux de transport. Toulouse est un cas exemplaire. La concession a connu un réel succès commercial et c'est pour cette raison que la ville a racheté le contrat de son partenaire (le consortium MTD). En effet, la concession permettait de transférer une partie importante de la richesse urbaine au secteur privé et, plus spécifiquement, au capital transport en commun en voie de formation à l'échelle européenne. Elle rendait la société toulousaine globalement moins productive en élevant le coût du transport en commun pour l'ensemble des acteurs urbains et en détournant des sommes considérables de leur vocation collective. La Banque mondiale indique que « La principale raison de cette décision était le succès commercial de la ligne, qui générait des profits que la SMTC voulait conserver pour la communauté [...] » et confirme par le fait même que les partenariats appauvrissent ces communautés. Les autorités de la ville ont agi dans l'intérêt général qui allait à l'encontre de l'intérêt particulier du consortium. [...] Et c'est bien ce que nous montre l'exemple toulousain. Lorsqu'un PPP est un succès, il draine une partie importante de la richesse collective vers le secteur privé et l'administration publique a tout intérêt à en reprendre le contrôle. Lorsqu'un PPP est un échec (lorsque l'entreprise privée fait faillite ou ne parvient pas à livrer la marchandise), l'administration publique doit se porter à son secours ou reprendre en main les opérations en assumant directement ou indirectement les coûts de la débâcle. (CSN, 2004, p. 26-27)

Pour le citoyen, il ne s'agit pas d'une situation où tout le monde est gagnant mais où il est toujours le perdant. Lorsque le PPP fonctionne bien, c'est que le coût pour les citoyens est exorbitant. Cette situation est d'ailleurs corroborée par tous les cas connus de privatisation qui ont amené des hausses substantielles de tarif, même quand la qualité du service se dégradait.

Quand le projet s'effondre, le pouvoir public doit, à l'évidence, ramasser les pots cassés à grands frais. On se demande, encore une fois, où est le vrai risque pour l'entreprise privée.

4.5. Concurrence et contrats

Dans le système économique dans lequel nous vivons, la concurrence est sensée être un mécanisme fondamental pour une répartition optimale des ressources. Ce mécanisme, qui assure un niveau de profit minimal, s'articule avec d'autres, comme la constitution des contrats permettant de garantir le bon fonctionnement de tout le système économique.

4.5.1. Les bienfaits de la concurrence

Les tenants des PPP insistent beaucoup sur les vertus de la concurrence. Ils prétendent qu'une des sources des économies liées au modèle des PPP résiderait dans la concurrence lors des appels d'offres.

> Dans le cas de l'impartition, par exemple (mais cela est vrai pour la plupart des modèles de PPP), le partenaire privé est normalement sélectionné lors d'un processus d'appel d'offres qui permet, grâce à la concurrence entre soumissionnaires, d'identifier les entreprises et les processus de production les plus efficaces. (IEDM, 2004, p. 4)

Pour qu'il y ait concurrence il faut un certain nombre d'entreprises dans le même secteur. Dans le cas d'une soumission, le secteur est défini d'une manière relativement pointue, car les équipements et les produits à fournir sont assez spécialisés. En conséquence, il y aura peu d'entreprises au Québec capables de soumissionner sur de tels contrats. Même au niveau international, les prétendus « marchés » ne sont faits, le plus souvent, que de quelques immenses firmes.

De plus, comme nous le disions plus haut, la concurrence jouerait au moment du choix du partenaire, c'est-à-dire une fois tous les 25 ans, dans la plupart des cas. C'est peu, pour justifier une transformation importante du contrat social.

4.5.2. De l'impossibilité d'un contrat complet

L'IEDM parle avec un optimisme exagéré de « conclusion de contrats bien détaillés ». Nous aimerions aussi que les contrats puissent remplir ces fonctions et être des ententes complètes couvrant toutes les possibilités entre les diverses parties. Malheureusement, ce n'est pas le cas.

Même s'ils existaient, les contrats détaillés ont un prix et dans le cas des PPP, les études préliminaires et le temps passé à négocier ces contrats plus complets ont des coûts énormes qui ne sont, la plupart du temps, pas comptés comme faisant partie du contrat – évidemment. Le président de SNC-Lavalin déclarait, à cet effet :

> Je trouve que chaque fois que je soumissionne sur un PPP, ça me coûte très cher. C'est (*sic*) des risques énormes parce qu'il faut que je prévoie pour le futur tous les revenus, tous les frais d'exploitation.
> (J. Lamarre, cité par SFPQ, 2004, p. 4)

Plus le contrat sera détaillé, ce qui augmentera sa fiabilité, plus les coûts pour l'établir augmenteront.

En Angleterre, par exemple, il semblerait que les PPP soient livrés à temps et que les dépassements de coûts soient beaucoup moins importants qu'avec la méthode traditionnelle. Cependant, toutes les négociations sont réalisées au préalable et l'on parle souvent de plusieurs années de négociations. Donc, si les délais de réalisation sont courts, comme on nous le répète souvent, le délai total est très long. Les augmentations de coût sont réalisées durant les longues négociations qui précèdent. Les projets sont alors conclus à des montants énormes incluant, évidemment, toutes les possibilités de dépassement de coûts qui existent. Il est donc vrai qu'une partie des risques est transférée au secteur privé, mais cette partie est largement compensée au préalable dans le prix global, dont le public ne connaît pas les composantes. D'ailleurs, tous les manuels de finance sont unanimes pour dire que l'augmentation du risque va en parallèle avec l'augmentation du rendement. Ainsi, quand vous voulez une assurance contre le risque, plus elle est complète plus elle est chère.

Les contrats sont donc destinés à demeurer incomplets, presque par nature, puisqu'il est trop coûteux d'écrire un contrat qui tiendrait compte de toutes les possibilités (Williamson, 1975). De plus, certaines de ces possibilités, même prévisibles, peuvent être très difficiles à mesurer. C'est pourquoi, dans les longues négociations de PPP qui se font actuellement, une série d'études préliminaires, financées ordinairement par le partenaire public, sert à établir les coûts avec le moins d'incertitude possible. Cependant, toute incertitude n'est pas éliminée pour autant. En conséquence, la plupart des contrats seront imparfaits, contenant des ambiguïtés et des manques qui pourraient, en théorie, donner du pouvoir au mandant (celui qui donne le mandat) (Hart, 1995). Cependant, ces ambiguïtés peuvent aussi jouer en faveur de l'agent (ou mandataire, celui qui reçoit le mandat) qui recevra l'autorité réelle due à l'asymétrie d'information alors que le mandant ne possède qu'une autorité formelle, nominale (Aghion et Tirole, 1997). Bref, comme le partenaire privé aura, en tant que responsable de la conception et de la réalisation du projet, des informations que le partenaire étatique n'aura pas, il possédera un pouvoir supplémentaire qui diminuera le contrôle possible de la part de l'État, comme nous l'avons vu notamment dans le cas de la prison de Penetanguishene.

Tout lien de responsabilité va produire une réponse biaisée de la part de l'agent, à cause de toute une série de phénomènes comme « l'anticipation de l'utilisation de l'information » ou la « direction de l'attention » (Nitterhouse, 1989). La demande de prévisions budgétaires de chacun des départements ou divisions de la firme a été reconnue comme source d'excédents discrétionnaires et de « coussins » alors que les états financiers sont réputés être maquillés (Breton et Taffler, 1995 ; Stolowy et Breton, 2004 ; Dechow, Sloan et Sweeny, 1995). Le même phénomène se produit dans le cas des partenariats et on peut s'attendre à ce qu'une partie de l'information soit cachée ou manipulée. Ce que certains appellent des pressions pour augmenter la reddition des comptes (Carnaghan, Gibbins et Ikaheimo, 1996) va probablement se transformer en des pratiques comptables douteuses.

> En conséquence, les parties prenantes reçoivent une image des activités de la firme et de sa performance qui est colorée par les perceptions et les intérêts de la

> direction, quoique tempérée par la réglementation en
> vigueur, l'attitude de la direction, sa réputation et les
> relations hiérarchiques internes. (Carnaghan, Gibbins
> et Ikaheimo, 1996, p. 164, notre traduction)

On peut probablement conclure que l'établissement d'un cadre pour la reddition des comptes établit simultanément les moyens de passer à côté. On pourrait même ajouter que la pratique normale est d'essayer de passer à côté. Il n'y a aucune raison pour que les déclarations faites par les entreprises à l'État se mettent, soudainement, à refléter la réalité simplement parce que nous sommes dans le cadre d'un PPP. Le fait d'affubler la relation du titre trompeur et pompeux de « partenariat » ne change rien à l'affaire. Même si les critiques de la validité du processus de reddition des comptes pouvaient être repoussées, le fait demeure que le processus actuel s'adresse principalement aux actionnaires. Malgré les supposées pressions, il n'y a aucun cadre pour rendre des comptes à la plupart des parties prenantes qui, en ce moment, ne reçoivent donc qu'une information parcellaire et tronquée. Parmi ces parties prenantes se trouve le gouvernement.

Bien qu'ils en soient les récipiendaires privilégiés, les actionnaires eux-mêmes se plaignent des états financiers (Breton et Taffler, 1995 ; Smith, 1992). Inappropriés pour les actionnaires, les états financiers ont peu de chances de suffire aux besoins des autres parties prenantes et du gouvernement. Que recevra donc ce dernier comme information et, surtout, qui y aura accès ?

En bref, il est clair, à travers la série d'exemples que nous venons de donner, que les arguments avancés en faveur des PPP se démolissent d'eux-mêmes quand on considère les réalisations concrètes. Le caractère idéologique de l'entreprise apparaît alors clairement et l'entêtement à proférer les mêmes arguments vides alors que les instances gouvernementales propagent des informations honteusement tronquées, tirées de sources ayant des intérêts directs dans la réalisation de ces projets, en dit long sur l'honnêteté de la démarche.

Enfin, soulignons, encore une fois, le réaménagement des relations sociales que suppose le recours massif aux PPP. Avec des contrats dont la durée atteint le siècle, comme dans le cas de la route 407, nous frôlons le délire. Imaginez un instant qu'un gouvernement ait signé, entre 1900 et 1905, un contrat le liant à l'entreprise privée pour la construction et l'entretien d'une route de l'époque. Il aurait été forcé de revoir son contrat bien des fois depuis la signature et soyons certains que ces réouvertures de contrat lui auraient coûté une fortune à chaque fois. Comment un gouvernement qui n'a de cesse de parler de technologie et de changement constant et rapide peut-il penser que les autos, dans 100 ans, s'il y en a encore, utiliseront le même type de route ? Ce gouvernement ne croit pas du tout à la pérennité de la route, il croit seulement à la pérennité des intérêts de ses promoteurs.

Chapitre 5

Augmenter les structures pour alléger l'État

LES REPRÉSENTANTS DE L'ÉTAT prétendent souvent qu'une des principales raisons de l'inefficacité de l'État est sa taille qui le paralyse. À ce sujet, ils sont appuyés par les représentants du monde des affaires. La bureaucratie empêche les fonctionnaires de fonctionner. On est alors en droit de s'étonner quand on constate que ce qu'on nous propose pour remplacer ce « trop d'État » c'est : encore plus d'État.

Non seulement on crée une nouvelle agence, mais cette agence pourra s'accompagner de toute une kyrielle de filiales et de spécialistes pour effectuer sa tâche. Qui plus est, tous ces PPP vont devoir être surveillés – c'est du moins ce qu'on prétend. Il va donc falloir créer des postes de surveillants de PPP. Ces tâches seront aussi vraissemblablement confiées à des « spécialistes » de l'entreprise privée, qui auront à cœur, naturellement, de prendre soin du bien public et en superviseront l'utilisation.

5.1. Le financement de l'agence

L'Association professionnelle des ingénieurs du gouvernement du Québec croit que l'Agence des partenariats public-privé est vouée à l'autofinancement dans les plans même du gouvernement. En conséquence, chacun des ministères et des organismes qui devront demander des avis et soumettre leurs projets à l'agence seront facturés. Ce sont donc les budgets de la santé et de l'éducation, notamment, qui serviront à placer des pans entiers des services publics entre les mains privées. L'Agence pourra par ailleurs facturer le suivi des travaux qu'elle aura autorisés. Enfin, le salaire du directeur de l'Agence, qui représente presque deux fois celui du Premier ministre, ne constitue certainement pas une contribution à la réduction des dépenses publiques.

La structure, avec son conseil d'administration, semble d'emblée disproportionnée :

> L'Association se questionne sur l'à-propos de créer une telle structure habilitée par la loi, administrée par un conseil d'administration alors qu'elle n'embauchera, à croisière, qu'une vingtaine d'employés. Est-ce là la nouvelle approche en matière d'efficience gouvernementale ? (APIGQ, 2004, p. 4)

L'ampleur des structures et surtout leur coût demeurent donc inconnus.

5.2. Alléger la dette

Les PPP sont présentés comme le moyen idéal pour échapper à la dette, ce « monstre » des griffes duquel il faut s'extirper, coûte que coûte.

Personne ne prétend que les coûts seront moindres au total, bien au contraire, mais la dette, elle, aura l'air moins élevée.

> Enfin, les PPP permettent de transférer à un partenaire privé certains coûts et risques encourus par l'État-investisseur. Ainsi, c'est souvent le partenaire privé qui assume le coût de l'investissement initial ; ce qui est une stratégie intéressante pour moderniser les infrastructures sans pour autant engloutir des fonds publics et alourdir la dette de l'État. (IEDM, 2004, p. 5)

On ne saurait être plus clair. Il s'agit d'une stratégie dont le but est de mieux faire paraître les états financiers du gouvernement ou des administrations subalternes.

Le Conseil du patronat du Québec (CPQ) prétend réfuter les affirmations comme celles de son allié l'Institut économique de Montréal en affirmant que les actifs ne seraient pas nécessairement sortis des livres de l'État.

> L'organisme Eurostat, qui remplit les fonctions de Statistique Canada pour la Communauté européenne, a établi récemment les critères en vertu desquels l'actif visé par un PPP peut être inscrit dans les comptes nationaux en tant qu'actif privé. En gros, dans le cadre du PPP, le partenaire privé doit assumer le risque de projet associé à l'infrastructure (dépassement des coûts de construction, retard sur l'échéancier, impacts environnementaux, etc.) et au moins un des deux risques suivants : le risque commercial et le risque de déficience dans le niveau de service. [...] Ce cas de figure révèle la fragilité de l'argument selon lequel les PPP permettent de rattraper le retard d'un État en matière d'infrastructures publiques, sans pour autant alourdir sa dette publique. (CPQ, 2004, p. 10)

Ce n'est pas Statistique Canada qui va décider de ce qui va figurer dans les actifs des entreprises ou ceux de l'État. Même en Europe, la détermination de celui qui encoure le risque n'est pas une évidence et ne mène donc pas à une position claire, sans discussions et négociations.

Des spécialistes affirment aussi que la réduction de la dette est un des buts primordiaux des PPP.

> Dans un contexte de recherche de marge de manœuvre fiscale, Newberry et Pallot montrent qu'en Nouvelle-Zélande ce serait l'adoption en 1994 de la Loi sur la responsabilité financière, basée sur de nouvelles règles techniques de gestion financière et budgétaire, qui aurait contribué à l'apparition des PPP en les rendant systématiquement avantageux sur le plan financier : « Des règles ont été mises en place, ou sélectivement appliquées et raffinées, qui visaient

à réduire certaines formes de dettes, encourageant la vente d'actifs et contraignant sévèrement les ressources disponibles pour l'acquisition d'actifs. Les arrangements contractuels pour l'achat de biens et services, du type d'arrangements adoptés pour les PPP, font partie de la dette publique mais ont été exemptés des contraintes et ont donc été conçus pour apparaître de plus en plus attrayants. » [...] Cette loi, concluent les auteurs, poursuivant des objectifs de réduction de la dette, d'efficience, de responsabilité fiscale et de transparence des activités gouvernementales envers le Parlement, s'est avérée au contraire le paravent de niveaux d'endettement imprudents et la source d'irresponsabilité fiscale. (Rouillard *et al.*, 2004, p. 111)

La pratique de l'utilisation des PPP pour masquer les dettes publiques est avérée dans des pays qui connaissent les mêmes tensions fiscales. Ce serait bien étonnant qu'il en aille autrement ici.

5.3. Alléger les structures de l'État

Les PPP vont servir à montrer une dette moins importante pour satisfaire une population ayant subi un lavage de cerveau par les médias. Une autre manipulation idéologique concerne le nombre d'employés de l'État. Depuis quelques décennies déjà on s'ingénie à discréditer une fonction publique qui a été un atout majeur dans la création du Québec moderne. Le mot d'ordre est donc la réduction de la fonction publique, ce qui a d'ailleurs été fait sans qu'on s'en rende compte, en ne remplaçant pas ceux qui partent à la retraite (attrition), et en transformant des milliers d'emplois permanents en emplois précaires.

Les PPP permettent à l'État de confirmer le rôle de créateur d'emploi de l'entreprise privée et de « dégraisser » sa « liste de paye » en transférant des emplois aux entreprises partenaires. Il s'agit, une fois de plus, d'une manipulation des chiffres dont la facture risque encore d'être salée, car si les emplois de bas niveaux sont encore souvent mieux payés dans le public, les emplois spécialisés sont largement mieux payés dans le privé, sans compter le pourcentage de profit qu'il faut ajouter. Mais un État réduit n'a pas de prix ; pour le reste il y a les crédits du Conseil du trésor.

Par exemple, le ministère des Transports a diminué son personnel de moitié depuis une décennie par des contrats octroyés à l'entreprise privée.

Malgré cette volonté de diminuer la taille de l'État, on se met à créer des agences de tous les côtés, procédant ainsi à un alourdissement des structures alors que l'on prêche le contraire.

5.4. Les ententes internationales

Le Canada et le Québec ont approuvé des ententes commerciales internationales qui limitent les pouvoirs des gouvernements. Or, ces ententes, principalement l'ALENA, mais également d'autres qui s'ajouteront, comme l'Accord général sur le commerce des services (AGCS), prévoient que les projets offerts en soumission doivent être ouverts à tous les soumissionnaires des pays membres de l'entente. L'idée du Conseil du patronat d'éviter parfois les appels d'offres pourrait mener à des poursuites qui deviendraient rapidement assez ruineuses pour le gouvernement.

Les entreprises québécoises pourraient se voir évincer par des multinationales qui draineraient des profits considérables en dehors de nos frontières. D'autant que ces entreprises ont les moyens de promettre des tarifs plus bas pour s'inscrire dans un « marché » et éreinter la concurrence locale.

Le Québec a aussi signé des ententes bilatérales avec des provinces ou des états états-uniens limitrophes. De telles ententes pourraient également ouvrir la prestation des services publics québécois à des compagnies étrangères.

> Voilà donc le contexte dans lequel s'inscrivent les PPP,
> et on peut légitimement craindre que certains de ces
> partenariats d'affaires soient en fait non seulement des
> occasions de retirer à l'État québécois la prestation de
> certains services publics, mais que les mêmes services
> soient fournis par des firmes étrangères. (SFPQ, 2004,
> p. 8-9)

Les traités de commerce internationaux qu'ont signé le Canada et le Québec depuis quelques décennies ne sont pas toujours très clairs. Cependant, il est raisonnable de croire que la porte est largement ouverte à l'introduction de multinationales étrangères dans la prestation des services publics.

Pour prendre un exemple parmi d'autres, les grandes compagnies d'eau, au niveau international, œuvrent sur tous les continents et sont reconnues comme étant de féroces compétitrices, dont l'honnêteté est parfois douteuse. Les plus grandes sont d'autant plus redoutables qu'elles détiennent déjà, souvent à travers des dizaines de filiales, une grande partie du marché. Le tableau suivant donne un aperçu du classement de ces firmes en 1999.

TAB. 5.1 – Les géants de l'eau (en milliards de dollars)

Entreprise	Revenus de l'eau	Revenus totaux	Profits
Vivendi (Veolia)	5,88	29,74	1,03
Suez Lyonnaise	4,80	29,39	0,937
Bouygues (SAUR)	2,28	2,92	0,21
RWE	0,13	40,40	0,555
Thames Water	2,13	2,13	0,227
United Utilities	1,37	1,37	0,29
Severn Trent	0,57	0,82	0,18
Anglian	0,45	0,50	0,23

Source : Polaris Institute, 2000, p. 6.

Ces entreprises sont souvent immenses et peuvent lutter de manière très agressive sur les soumissions quand elles veulent investir un marché. Elles-mêmes forment difficilement un marché dans le domaine de l'eau, puisque les deux plus importantes représentent plus de 50 % des affaires dans ce domaine. Pour soumissionner, elles passent souvent par des filiales qui ont l'air de compagnies locales aux yeux non avertis. Par exemple, la US Filters est une filiale de Veolia qui, comme à Moncton, soumissionne directement pour les contrats.

5.5. Les procédures supplémentaires

L'adjudication de contrats dans le secteur public est déjà assez bien encadrée et soumise à une série de procédures auxquelles on ne peut déroger. Quand il y a dérogation, ce n'est pas la faiblesse de la procédure qui est en jeu, mais bien la volonté, souvent politique, de passer outre ; le cas des commandites est un bon exemple. L'intervention d'une nouvelle agence, qui n'aura pas les informations pour négocier toute seule, ne va certainement pas réduire la charge de travail des organismes d'État, mais ajouter aux procédures en cours :

> Par ailleurs, le projet de la Loi 61 ne contribuera pas à alléger le fardeau normatif des établissements qui doivent pourtant se consacrer au premier chef à l'accomplissement de leur mission. À cet effet, rappelons que les contrats d'approvisionnement en biens ou en services et les contrats d'immobilisation des établissements sont déjà sujets au régime juridique régissant les contrats administratifs et sont soumis à un processus d'appel d'offres et d'autorisation très strict qui, pour le tout, limite significativement la liberté contractuelle des établissements. À cela s'ajoute un régime de nullité des contrats administratifs qui exige que les établissements aient scrupuleusement respecté toutes les formalités associées à l'attribution d'un contrat à un tiers. Dans ce contexte, le processus de contrôle et d'autorisation introduit par le projet de la Loi 61 imposera un fardeau supplémentaire aux établissements désireux de parfaire des ententes avec le secteur privé

et accroîtra d'autant le coût des transactions tout en causant un déficit d'efficacité et d'efficience. (AHQ, 2004, p. 3)

Donc, l'Association des hôpitaux du Québec (AHQ) prévoit une augmentation de la bureaucratie, ce qui est exactement l'inverse de ce que promettent les gouvernements qui se lancent dans la réorganisation de l'État.

5.6. Une centralisation sans précédent

Presque tous les contrats que les organismes publics vont passer avec l'entreprise privée, et ces contrats sont légions et apparaissent sous une multitude de formes, vont tomber sous le couvert de la loi et passer par l'Agence des partenariats. Des institutions qui, bien que « créatures » de l'État, jouissaient d'une certaine autonomie (hôpitaux, universités, écoles, cités), vont maintenant perdre une bonne part de leur marge de manœuvre, ce qui constitue un changement de statut de ces institutions. Le fait que certains de ces organismes aient été *in extremis* retirés de l'obligation de faire appel à l'Agence est loin de régler clairement la question puisque les ministères qui les financent sont toujours assujettis à l'Agence. On est donc en droit de se demander jusqu'à quel point l'on vient de redonner leur autonomie aux hôpitaux ou aux universités ?

En outre, cette centralisation va, en quelque sorte, privatiser le processus d'adjudication des contrats de toutes ces institutions d'un seul coup. Le processus sera privatisé, car il sera régi, dans les faits, par une armée de consultants privés, l'Agence devant se contenter de régler la circulation. Le Commissaire au lobbyisme a de quoi s'inquiéter. Le lobbyisme se fera d'entreprise à entreprise et certains de ces consultants de haut vol, pensons à SNC-Lavalin, vont y gagner une puissance considérable et seront à même de monnayer leurs avis favorables sur un nouveau marché créé par cette mesure.

Au total, les PPP s'insèrent dans un mouvement international, qui fait partie de la mondialisation. Ce mouvement veut réformer les pratiques fiscales des gouvernements, soi-disant pour aider la classe moyenne. Dans les faits, ce processus a largement contribué à amenuiser les ressources de cette classe moyenne, afin de diminuer les impôts des mieux nantis. Cacher la dette et diminuer le service de la dette en s'appropriant d'abord une marge de profit sur les emprunts publics et en la transformant en paiements de services modifie la donne. Il suffit, ensuite, de pointer ces services comme cause du déficit pour s'assurer que l'État, en prétendant vouloir les rationaliser, acceptera de payer plus cher pour les faire assurer par l'entreprise privée (c'est l'essence même du rapport Ménard). Enfin, il ne restera plus qu'aux médias, appartenant à ces mêmes entreprises, de trouver que les résultats sont positifs quels qu'ils soient et le tour sera joué. Le problème, c'est qu'il sera joué aux citoyens.

Par exemple, une privatisation plus poussée de la santé devrait servir les intérêts des grandes compagnies d'assurances dont plusieurs des plus importantes sont des filiales de Power Corporation. Mais Power a aussi des intérêts importants dans Suez, un des deux géants de l'eau. Donc, la privatisation des services d'eau devient un but à atteindre. Quand on regarde aussi l'empire médiatique que contrôle Power Corporation, on se dit qu'il y a là tout ce qu'il faut pour, de plus, convaincre les gens que tout cela est pour leur bien.

Chapitre 6

Les PPP et la privatisation de l'eau

IL EST DIFFICILE, selon les critères énoncés précédemment, de séparer les PPP et la privatisation dans le cas de l'eau. Les autorités, la plupart du temps municipales, demeurent responsables envers la population même si les services d'eau sont totalement privatisés. Les expériences canadiennes ne sont pas très positives pour l'instant. Il faut toujours quelques années après une privatisation avant que les problèmes ne deviennent importants et les expériences canadiennes sont encore assez récentes.

6.1. Hamilton

Hamilton est située au bout du lac Ontario, à la fin d'une continuité urbaine qui entoure la ville de Toronto. Le centre d'intérêt de cette mégalopole n'est évidemment pas Hamilton et son industrie a tendance à s'étioler.

Hamilton tente donc de revitaliser son secteur industriel. C'est dans ce contexte que la municipalité se voit offrir la possibilité de privatiser le service de provision d'eau potable et d'évacuation des eaux usées. Cette privatisation devait servir de modèle et permettre à une compagnie locale, Philip Services Corporation, qui avait fait la promotion du changement de gestion et obtenu le contrat, d'obtenir des contrats partout dans le monde. Les élus municipaux insistèrent alors pour que ce soit cette entreprise locale qui obtienne le contrat.

En 1994, sans consultation publique et sans appel d'offres, la Ville de Hamilton donnait un contrat de 10 ans et d'une valeur de 180 millions de dollars à la nouvelle filiale créée pour l'occasion. La compagnie avait promis de lancer une entreprise internationale dans le domaine de l'eau, basée à Hamilton, et de construire à cet endroit un centre de formation pour les techniciens de l'eau. La compagnie devait ainsi gérer 14 usines de traitement de l'eau, 3 usines d'assainissement des eaux usées et 129 stations de pompage. Le prix du contrat étant fixé et payable par la ville, celle-ci demeurait responsable des tarifs imposés aux utilisateurs et de l'entretien et de la réparation des infrastructures. C'était purement un contrat de gestion.

Évidemment, la compagnie en question fut un soutien financier majeur pour les candidats aux élections municipales de 1994, mais n'y voyons aucune relation incestueuse. La nouvelle compagnie engagea même des spécialistes venant de la municipalité, incluant ceux qui avaient travaillé à établir le contrat. Mais là encore, n'y voyons aucun lien incestueux.

Quelques mois plus tard, la situation se renverse et 60 des 128 travailleurs du service d'eau sont mis à pied. C'est alors que les problèmes environnementaux commencent. En 1996, des débordements d'égouts d'une ampleur jamais vue à Hamilton se produisent en série. Les sinistrés poursuivent la compagnie. Celle-ci refuse la responsabilité en blâmant le matériel au lieu de la réduction des effectifs. Les surverses[1] deviennent presque continues durant l'été 1996 (jusqu'à 16 jours de suite) jetant 4,3 milliards de litres d'eaux usées non traitées directement dans le port, c'est-à-dire dans le lac Ontario qui se jette dans le Saint-Laurent. En 1998, on considère que les surverses duraient en moyenne une heure par jour. Les amendes pour pollution commencèrent à devenir très importantes.

En 1996, la compagnie s'était associée à un partenaire américain pour faire une offre pour le service d'eau de Seattle. Leur

---

1. Une surverse se produit quand l'usine de traitement des eaux usées ne suffit plus à traiter toutes les eaux usées et qu'une partie de ces eaux se déversent directement dans le lac ou la rivière sans avoir subi aucun traitement. De telles choses se produisent parfois à Montréal lors des gros orages d'été.

soumission était 30 % en dessous de celle de leur plus proche compétiteur et 40 % en dessous des estimations de la ville.

La compagnie commença à avoir des problèmes financiers et à manipuler l'information financière au point que la Ontario Securities Commission s'intéressa à ce qui semblait être une fraude estimée à 363 millions de dollars américains. Finalement, nageant dans des eaux troubles et devant une surverse de problèmes financiers, la compagnie vendit sa filiale spécialisée dans l'eau à une filiale d'Enron, ce qui n'a pas eu pour effet d'augmenter le niveau de transparence des données financière, sinon celle de l'eau.

La filiale d'Enron fut ensuite, à son tour, vendue à une autre entreprise. Les habitants de Hamilton auront eu cinq compagnies d'eau en huit ans. C'est là également un problème important posé par les partenariats. Un contrat est signé avec une entreprise dont les pratiques semblent acceptables et dont la réputation est bonne. Cette entreprise est vendue à une Suez ou une Enron et la donne est alors complètement transformée. Pour éponger les dettes contractées ailleurs, ces compagnies décident que les partenariats doivent rapporter plus et voilà que la qualité diminue drastiquement pendant que les prix augmentent. Ce sont là des opérations que les contrats ne peuvent empêcher.

Les conseillers municipaux pensaient générer de l'activité économique et des emplois à Hamilton ; ils sont rendus bien loin de leurs projets initiaux et les belles promesses n'ont pas été tenues. En 2004, le temps était maintenant venu de renouveler le contrat. Les pressions étaient importantes dans les deux directions. Si la ville reprenait son service d'eau, elle aurait dû le rebâtir, ce qui n'était pas sans entraîner des coûts qui auraient pu être considérables. Il fallait donc y penser à deux fois avant de se lancer dans ce genre d'aventure. Au final, la ville a encore signé avec une entreprise privée en empêchant férocement les représentants de l'opposition d'accéder à l'information

Les promesses faites par les entreprises privées n'ont pas été tenues et les citoyens ont encouru des dépenses importantes : nettoyage des sous-sols inondés, etc. L'environnement s'est dégradé et la vie démocratique a perdu de sa qualité. Triste bilan !

6.2. Moncton

À Moncton, la situation se présente d'une manière légèrement différente. Les élus municipaux ne semblent aucunement avoir été inspirés par des motifs économiques ou de développement régional.

En mai 1998, la ville a signé une entente de partenariat avec la US Filters, une filiale de Veolia, l'ancienne Vivendi et plus ancienne Générale des eaux. Ce contrat a, encore une fois, été octroyé sans appel d'offres, parce que l'idée venait d'abord de la compagnie. Cette compagnie a payé des voyages un peu partout aux États-Unis aux élus municipaux de la ville pour aller visiter des systèmes d'eau privatisés. Au moment du vote, il ne restait plus aucun élu municipal ayant échappé aux largesses de la compagnie. Il leur est donc apparu évident qu'un processus d'appel d'offres était superflu et que la compagnie offrait le meilleur « deal » possible pour la ville.

Le contrat s'étendait sur une période de 20 ans, ce qui engageait les élus qui allaient succéder aux heureux bénéficiaires des libéralités de la compagnie sans en avoir eu les avantages tangibles. Cette entente, d'une valeur approximative de 85 millions de dollars incluait le financement, la conception, la construction et l'opération d'une usine de production d'eau potable d'une capacité de 25 millions de gallons par jour.

La Ville de Moncton devait économiser 12 millions de dollars pendant la durée du contrat et la qualité de l'eau devait augmenter « dramatiquement ».

La ville a acheté l'usine de filtration d'eau pour 23,1 millions de dollars. Elle payait au consortium des montants de 2,6 millions de dollars pour le coût du capital, 639 000 dollars pour les coûts d'opération et 42 264 dollars pour l'entretien et le renouvellement des actifs, pour un total de 3 362 264 dollars par année. La ville devait aussi payer pour un certain nombre de coûts variables comprenant les produits chimiques et l'électricité. Tous ces coûts ont atteint les 4 224 106 de dollars en 2001, ce qui était largement au-delà de ce qui était prévu. La ville avait défendu le projet en promettant que ses coûts d'opération de 4,8 millions de dollars baisseraient à 3,8 millions de dollars avec le partenaire privé. Qu'arrive-t-il de ces contrats bien établis qui sont supposés partager les risques et en faire prendre à l'entreprise privée ?

Toujours dans une velléité de transparence, la Ville de Moncton a déclaré qu'elle économisait autour de 10 millions de dollars en achetant pour 23,1 millions de dollars l'usine construite par le promoteur. Mais il faut préciser que l'usine que la ville projetait de construire au coût de 32,8 millions de dollars avait trois fois la capacité de celle construite par la US Filters. Donc, si l'on tient compte de la différence de capacité de traitement entre l'usine prévue et l'usine construite, on ne gagne rien – il est même probable que la ville y perde.

Cette usine réduite sera donc achetée à un coût qui inclut un financement de 10 % alors que la Ville de Moncton pouvait se financer, à la même époque, pour 5,85 %. Les citoyens vont donc payer cher en capacité de traitement et en financement le recours aux PPP pour la construction de leur usine. Si l'on compare avec ce que la compagnie doit payer, on se rend compte que le profit fait sur cette construction est de l'ordre de 24 %, ce qui n'est pas mal compte tenu que le risque est à peu près nul.

Le prix de l'eau à Moncton a passablement augmenté pour financer ces coûts supplémentaires. Entre 1999 et 2000, les coûts ont augmenté de 74,68 %. Pour un projet qui devait permettre aux citoyens d'économiser de l'argent, les résultats sont plutôt décevant.

Les citoyens paient déjà autour de 450 dollars par année pour une famille de quatre personnes, et les réparations des infrastructures, qui figurent en tête des objectifs annoncés par le contrat, sont loin d'être menées à terme.

6.3. Atlanta

La Ville d'Atlanta s'est aussi lancée dans la privatisation de son service d'eau. Les raisons de ce choix tenaient à l'état désastreux des infrastructures. Il apparaît que plusieurs villes arrivent à un moment où les réparations ne peuvent plus être remises à plus tard, sans doute parce que l'organisation de leurs services d'eau municipaux s'est faite plus ou moins en même temps.

Atlanta a donc signé, en 1999, un contrat de 20 ans avec la United Water, une filiale de Suez. Les deux parties se sont déclarées très insatisfaites de l'arrangement. Le contrat n'était pas réellement clair sur la question la plus importante, c'est-à-dire la réfection des infrastructures. Certains estimés parlaient de 800 millions de dollars sur cinq ans pour le système de provision d'eau et jusqu'à 3 milliards de dollars de plus si l'on ajoutait les coûts pour remettre le service d'égouts en état. Bref, la situation était dramatique et les coûts qu'exigeait une telle réfection dépassaient les capacités d'une ville comme Atlanta, quelque soit le mode de gestion.

La compagnie, qui n'est pourtant pas inexpérimentée (elle gère déjà une centaine d'autres systèmes d'eau municipaux) ni trop petite, a déclaré perdre 10 millions de dollars par année pour un contrat total annuel de 22 millions de dollars à cause de l'état épouvantable du système qui n'avait pas été prévu. Est-ce à dire que cette compagnie a signé un contrat, incluant la réparation des tuyaux, sans connaître l'état de ces tuyaux ?

Il semble que la Ville d'Atlanta estimait ses coûts pour faire fonctionner le service d'eau à 42 millions de dollars annuellement. Or, pour ce faire, elle a signé un contrat s'élevant à 22 millions de dollars par année. Les deux entités contractantes sont en faute ; la ville pour avoir cru aux miracles et la compagnie pour avoir visiblement décidé de parier que les infrastructures tiendraient encore un peu et qu'elle pourrait faire de l'argent entre-temps, car il est clair que la compagnie n'a jamais eu l'intention, à ce prix, de réparer quoi que ce soit.

La situation s'est dégradée plus vite que prévu. L'eau est rapidement devenue impossible à consommer directement par les citoyens et les plaintes se sont multipliées. Les surverses se sont aussi multipliées. La ville n'a jamais réinvesti la différence de coûts dans les réparations comme elle avait promis de le faire. Bref, il semble que tout le monde ait failli à sa tâche dans ce contrat : les élus municipaux ont cru pouvoir faire des économies et les ont dépensées ailleurs que dans la réparation des tuyaux qui en avaient un impérieux besoin, et la compagnie a parié que le problème ne deviendrait pas trop crucial avant un certain temps.

Notons au passage que les économies escomptées de 20 millions de dollars par année qui se sont avérées être de 10 millions de dollars n'auraient pas suffi, loin s'en faut, pour couvrir les réparations nécessaires. On parle maintenant d'au moins 300 millions par année sur plus de cinq ans (jusqu'à 20 ans pour les égouts).

6.4. Le Royaume-Uni

Le programme de privatisation instauré par Margaret Thatcher avait plusieurs buts avoués et sans doute plusieurs autres inavouables. La diminution du rôle de l'État était un de ceux-là, camouflé derrière la prétendue inefficacité de l'État.

6.4.1. Les buts de la privatisation

La privatisation de l'eau au Royaume-Uni s'est faite en 1989, après plusieurs années de discussions et d'oppositions. On a privatisé une série de sociétés d'État qui détenaient un monopole dans chaque région.

Les buts de la privatisation étaient les suivants :
– créer la compétition ;
– faire entrer de l'argent dans les coffres de l'État ;
– profiter de l'efficacité supérieure de l'entreprise privée ;
– profiter de la capacité du secteur privé à faire des investissementsinvestisse-ments importants.

Aucun de ces objectifs ne s'est véritablement réalisé.

La compétition

Les services d'eau étaient assurés par des entreprises d'État incorporées sur le modèle de l'entreprise privée. On a alors vendu les titres de propriété. Tout le contenu de l'entreprise demeurait, incluant les dettes.

Les compagnies ont obtenu des concessions de 25 ans pour la provision de l'eau potable et le traitement des eaux usées. Ces concessions ont été octroyées à partir des anciennes directions régionales. Ce qui fait que chaque concessionnaire possède maintenant le monopole dans sa région. On n'a donc créé aucune concurrence.

Souvent, les chantres de la privatisation ont tendance à nous faire miroiter la compétition comme un effet automatique de la privatisation. Il reste cependant clair que la privatisation d'un monopole public ne produit généralement qu'un monopole privé et une obligation de réglementer en retour, ce qui est arrivé au Royaume-Uni. De plus, dans la plupart des cas, les entreprises publiques appartiennent à des secteurs dans lesquels il n'y a pas de concurrence.

La rentabilité des entreprises privées et les rentrées dans les coffres de l'État

Le gouvernement britannique s'est organisé pour assurer la rentabilité des entreprises privées. Il a :

- effacé les dettes des entreprises juste avant la privatisation ;
- investi 2,6 milliards (US$) dans les entreprises juste avant la privatisation ;
- fixé un prix de vente très bas (comme pour la Bristish Petroleum, qui a fait scandale), estimé à 22 % du prix du marché après une semaine de transactions [2] ;
- autorisé des augmentations des tarifs entre 1991 et 1998 de 42 % pour la provision d'eau et de 36 % pour le traitement des eaux usées ;
- laissé les compagnies augmenter leurs bénéfices de 227 %, en moyenne, durant la même période.

Les profits des nouvelles compagnies ont augmenté de manière incroyable pendant les 10 premières années d'exploi-

2. Les introductions en bourse se font en moyenne à 25 % en bas du prix de la première journée ou de la première semaine de transactions. À 75 %, il y avait déjà de l'abus, surtout dans un secteur dans lesquels les profits sont assurés, à 22 %, on ne parle plus de vente.

tation par l'entreprise privée, comme on peut le voir dans le tableau 6.1.

Tab. 6.1 – Évolution du profit avant impôts des compagnies d'eau de 1990 à 1998 (en millions de livres)

Compagnie	Profit 90	Profit 98	% d'augmentation
Anglian	78	274	250
Dwr Cymru	34	209	510
North West	39	394	921
Northumbrian	10	135	1 250
Severn Trent	130	351	170
South West	60	n/a	176*
Southern	45	106	133
Thames	161	419	160
Wessex	23	139	510
Yorkshire	101	206	103
Total	682	2 232	227

Source : Lobina et Hall, 2001. (*) Basé sur 1996.

Si l'on compare ces marges de profit avec celles réalisées ailleurs, des différences notables apparaissent, comme on le voit au tableau 6.2 (page suivante).

Indépendamment de toutes les différences qui peuvent exister entre les contextes et les compagnies, des taux de profit qui dépassent les 40 % et parfois les 50 % sont extrêmement élevés, surtout dans des secteurs qui sont réputés demander de lourds investissements.

Il est vrai que les affaires sont difficiles, sauf pour les dirigeants, dont les rémunérations atteignent des sommets (voir tableau 6.3 à la page 119).

L'efficacité des gestionnaires

Malgré tous ces bénéfices, les compagnies britanniques semblent peu efficientes.

On remarque la grande différence entre les coûts d'opération et les prix de vente pour les villes anglaises. Ce sont les frais

Tab. 6.2 – Taux de profit des compagnies d'eau dans le monde

Compagnie et pays ou ville	% de profit
Debreceni Vizmu (Hongrie)	7,1
Stockholm Vatten (Suède)	19,2
AgBar (Espagne)	13,1
Suez-Lyonnaise (France seulement)	2,4
SAUR (mondial)	3,5
Vivendi (mondial)	6,3
Suez-Lyonnaise (mondial)	4,2
Yorkshire Water (Royaume-Uni)	42,9
United Utilities (Royaume-Uni)	46,7
Thames Water (Royaume-Uni)	43,6
South West Water (Royaume-Uni)	51,6
Southern Water (Royaume-Uni)	59,7
Severn Trent (Royaume-Uni)	43,2
Hyder (Royaume-Uni)	36,5
Anglian Water (Royaume-Uni)	43,9

Source : Base de données du Public Services International Research Unit (PSIRU).

d'administration exorbitants et les profits élevés qui produisent cet effet. Le privé se montre bien moins efficace que le public.

Ces profits ont été en partie nécessités par les aventures outre-frontières de ces entreprises. Plusieurs d'entre elles se sont lancées dans des coentreprises qui se sont avérés fort coûteuses. De fait, les clients captifs des services publics assurés par des entreprises privés sont souvent mis à contribution pour financer l'expansion plus risquée de l'entreprise dans d'autres domaines.

Les organismes de réglementation

Comme les compagnies étaient en situation de monopole, l'État a créé trois organismes de réglementation (financés avec les taxes puisqu'on n'avait plus les revenus de l'eau) :
- le Drinking Water Inspectorate (DWI), chargé de contrôler la qualité de l'eau ;

TAB. 6.3 – Rémunération du dirigeant le mieux payé (en milliers de livres)

Compagnie	1991	1998	% d'aug.
Anglian	107	378	253
Dwr Cymru	143	345	141
North West	144	444	208
Northumbrian	82	152	85
Severn Trent	159	293	84
South West	89	109	22
Southern	142	203	82
Thames	209	277	33
Wessex	128	206	61
Yorkshire	119	298	150

Source : Lobina et Hall, 2001.

- la Environmental Agency (EA), qui gère les rivières et la pollution ;
- le Office of Water Services (OFWAT), qui régule les prix et alloue les modifications de tarif.

L'OFWAT est responsable d'assurer la viabilité des entreprises, ce qui est un franc succès comme on le constate avec les hausses de tarifs qui ont été consenties. L'organisme doit, de plus, évaluer leurs performances en les comparant les unes aux autres. Dans un contexte où il n'y a pas de compétition, ce mode d'évaluation risque fort d'être pour le moins biaisé.

La réputation des entreprises

Après les cinq premières années d'exercice, les compagnies d'eau sont devenues très impopulaires, perçues comme :
- demandant des prix excessifs ;
- faisant des profits excessifs ;
- ayant des performances très moyennes.

Comme on le voit au tableau 6.5, les prix ont augmenté très rapidement après la privatisation :

TAB. 6.4 – Comparaison des coûts de l'eau entre des villes suédoises et anglaises (en dollars américains ajustés par unités de pouvoir d'achat)

Villes	Coût pour le client	Coût d'opération
Stockholm (service municipal)	0,28	0,17
Manchester (privé)	0,91	0,40
Bristol (privé)	0,83	0,48
Gothenburg (municipal)	0,38	0,11
Kirklees (privé)	0,99	0,52
Hartlepool (privé)	0,73	0,35
Helsinborg (municipal)	0,42	0,42
Waverly (privé)	0,82	0,48
Wrexam (privé)	1,25	0,57
Moyenne suédoise	0,36	0,23
Moyenne anglaise	0,93	0,48

Source : Lobina et Hall, 2001.

Le compte d'eau est fait de trois composantes identifiées par l'OFWAT :
- les investissements ;
- les coûts d'opération ;
- le profit d'opération.

On constate que les coûts d'amortissement des immobilisations ont augmenté très faiblement, les coûts d'opération ont même une légère tendance à la baisse alors que les profits d'opération ont augmenté de manière vraiment notable.

La capacité d'investissement et l'entretien des infrastructures

Plusieurs projets de privatisation des services d'eau prétendent remettre à l'entreprise privée le soin de réparer les infrastructures. Or, on n'a jamais vu une telle chose se produire. Au Royaume-Uni, ces investissements ne sont pas du niveau annoncé et la qualité du réseau se détériore.

De fait, les investissements avaient commencé à augmenter avant la privatisation. D'après les prévisions annoncées par

Tab. 6.5 – Compte d'eau moyen en Angleterre de 1989 à 1998 (en livres sterling)

Compagnie	Prix 1989	Prix 1998	% d'aug.
Anglian	157	288	84
Dwr Cymru	149	294	98
North West	111	234	111
Northumbrian	108	229	112
Severn Trent	107	222	108
South West	147	354	142
Southern	124	257	107
Thames	101	201	99
Wessex	139	265	91
Yorkshire	123	226	84
Moyenne	120	242	102

Source : Lobina et Hall, 2001.

l'OFWAT, ils devaient continuer à augmenter jusqu'en 1994-1995 et recommencer à décroître. L'organisme a fixé les prix à partir de ces prévisions. En réalité, les investissements ont culminé en 1991-1992 (la privatisation a eu lieu en 1989). Par exemple, la Southern Water avait soumis des plans pour une série d'égouts qui n'ont jamais été construits.

La Yorkshire Water devait construire une usine d'épuration des eaux usées d'une cinquantaine de millions de livres, près de Hull. Le gouvernement a redéfini l'eau près de Hull comme étant la mer et non plus un estuaire, ce qui a permis à la compagnie de déverser les eaux usées sans les traiter et de faire l'économie d'une nouvelle usine.

Les sommes économisées sur les investissements annoncés – mais qui ne furent jamais réalisés, bien que déjà intégrées dans la structure de prix consentie par l'OFWAT –, n'ont pas servi à diminuer les prix, mais à augmenter les dividendes. Un article de *The Observer* du 12 février 1995 observait justement :

> La plus grande compagnie d'eau britannique va diminuer son programme d'investissement de 350 millions de livres – mais la baisse ne sera pas transférée

> à ses sept millions de clients. La Thames Water n'a aucunement l'intention de réduire ses prix ou de donner des rabais. Au lieu de cela, les clients – dont les factures ont augmenté de 50 % depuis la privatisation de 1989 – vont connaître une nouvelle hausse en avril, de l'inflation plus 0,5 %. La dernière hausse fut décrétée par l'organisme régulateur du secteur, l'OFWAT, lors de sa révision quinquennale des prix, l'an dernier. Cette hausse est basée sur un plan d'investissement de 2,1 milliards de livres projeté par la compagnie. Mais maintenant, six mois après la révision, Thames déclare que les investissements projetés seraient seulement de 1,75 milliards de livres – en baisse de 350 millions ou 70 millions de livres par année – équivalant à 10 livres de moins sur chaque facture domestique. (cité par Lobina et Hall, 2001, notre traduction)

Les investissements, d'après le comité spécial de la House of Commons, ne sont pas suffisants :

> Pour la période 1993-1998 l'eau est demeurée dans une piètre condition, les tuyaux de degré d'usure 4 et 5 augmentant de 9 % à 11 %, équivalant à 0,78 milliards de livres en valeur des tuyaux entrant dans ces catégories. En mars 1998, lors de la dernière évaluation, 10 % des égouts importants étaient aussi en mauvaise condition. Cependant, l'OFWAT soutient qu'il n'y a pas eu d'augmentation mesurable des actifs en mauvaise condition dans les derniers cinq ans. (cité par Lobina et Hall, 2001, notre traduction)

Une étude d'un universitaire concluait de la même façon :

> Loin de maintenir les infrastructures en bon état, le réseau souterrain se détériore plus vite qu'il n'est rénové. Ceci a des implications importantes pour les services futurs, la santé publique, et l'environnement. (cité par Lobina et Hall, 2001, notre traduction)

Si l'on étudie la proportion des canalisations qui ont été rénovées sur l'ensemble des canalisations que possèdent les compagnies, on constate que le temps pour opérer une réfection totale va parfois jusqu'à quelques centaines d'années. Or, les spécialistes ne croient pas que les canalisations puissent durer plus de 100 ans, dans le meilleur des cas.

TAB. 6.6 – Longueur totale des canalisations possédées par les compagnies, la longueur totale réparée ou rénovée de 1990 à 1999 et durée de vie utile que le taux de réparation implique

Compagnie	Longueur totale (km)	Longueur rénovée ou réparée (km)	Vie utile
Anglian	8 191	131	562
Dwr Cymru	4 321	136	285
North West	10 674	338	284
Northumbrian	5 982	262	205
Severn Trent	7 471	411	163
South West	1 815	50	326
Southern	6 460	41	1 416
Thames	18 936	417	408
Wessex	2 841	97	263
Yorkshire	6 846	65	948

Source : Lobina et Hall, 2001.

Les efforts consentis pour la réparation et la rénovation des canalisations mènent tout droit à une détérioration graduelle du réseau, que ces compagnies privées étaient pourtant sensées sauver de l'incurie du secteur public.

L'emploi

Les emplois ont diminué sensiblement dans le secteur. Si cette diminution était l'expression d'une meilleure gestion, elle devrait avoir eu une incidence à la baisse sur les prix. Entre 1990 et 1999, 21,5 % des emplois ont disparu, passant de 39 962 en 1990 à 31 363 en 1999, ce qui n'a pas empêché les prix de monter et la qualité du service, découlant possiblement de ces décisions, de se dégrader.

Les interruptions de service

Après les privatisations, le nombre de clients débranchés a augmenté d'une manière drastique (il a triplé en cinq ans, pour atteindre 18 636 clients en 1994).

Ces interruptions de services sont réputées avoir un effet sur la santé publique. En 1992, les cas de dysenterie ont augmenté significativement. (Le nombre de cas de dysenterie est une mesure utilisée partout pour évaluer la qualité de l'eau.)

Quand la possibilité de couper le service est devenue aléatoire, les compagnies ont commencé à installer des compteurs pour lesquels il fallait payer d'avance. En conséquence, les gens se débranchent d'eux-mêmes quand ils n'ont plus les moyens de payer l'eau. De plus, ces installations coûtent, par exemple pour les clients de la Severn Trent, 26 livres par année, ce qui peut constituer 10 % d'un compte d'eau annuel.

Ces compteurs ont aussi été déclarés illégaux depuis, mais ils montrent bien la dégradation du filet social.

La qualité de l'eau et de l'environnement

Le rapport de l'autorité en charge de la qualité de l'eau (DWI) en 1998 laisse voir des lacunes. Sur cinq paramètres essentiels, moins de 80 % des zones sont conformes aux normes.

Le nombre des incidents sérieux n'avait pas décliné après les six premières années de privatisation. Dans le nord de Londres, des usagers ont été empoisonnés par l'eau en 1997 en raison d'une poussée de cryptosporidiose. La compagnie a payé des compensations hors-cour, ce qui a empêché les autorités d'intenter des poursuites.

Le *Guardian* du 5 décembre 2000 fait état de la Yorkshire Water qui aurait plaidé coupable à 17 accusations selon lesquelles elle aurait fourni de l'eau impropre à la consommation humaine en 1998 dans plusieurs localités de l'ouest et du nord du Yorkshire.

Le *Guardian* du 24 septembre 1999 rapporte aussi qu'à Camelford, en Cornwall, quelqu'un aurait versé accidentellement 20 tonnes de sulphate d'aluminium dans un réservoir en juillet 1988. L'expertise médicale indépendante conclut que les victimes auraient subi des dommages au niveau des fonctions cérébrales. L'eau empoisonnée aurait été bue par 20 000 personnes durant plusieurs années.

Les compagnies d'eau sont les plus grands pollueurs du pays. Vivendi, Suez-Lyonnaise et les filiales d'Enron sont respectivement les deuxième, troisième et quatrième pollueurs d'Angleterre dans une liste publiée en 1998 par la Environment Agency. Les compagnies sont responsables d'incidents et sont parfois poursuivies.

TAB. 6.7 – Incidents environnementaux impliquant les compagnies d'eau en 1999

Compagnies	Nombre d'incidents en 1999	Poursuites en 1999
Dwr Cymru	213	7
Severn Trent	494	–
Anglian	283	8
Southern	155	6
Thames	233	8
Northumbrian	–	3
Noth West	–	2
South West	–	2

Source : Environment Agency, cité par Lobina et Hall, 2001.

Ces compagnies polluent l'eau aussi bien que le reste car, entre 1989 et 1997, ces compagnies ont fait face à 260 poursuites couronnées de succès. (Lobina et Hall, 2001) On se demande vraiment à quoi la ministre Jérôme-Forget pouvait faire allusion en parlant de l'Angleterre comme du paradis de l'eau privatisée.

6.5. Les pouvoirs municipaux

La nouvelle Loi 62, dans la lignée des nouvelles façons de financer les municipalités, leur donne de grands pouvoirs.

6.5.1. La Loi 62

Le gouvernement du Québec a commencé depuis longtemps à renvoyer des responsabilités aux municipalités sans leur donner le financement qui devrait les accompagner ou le pouvoir de taxation qui permettrait de les assumer. Ce pouvoir de taxation est devenu de plus en plus difficile à exercer aux niveaux inférieurs pour plusieurs raisons. D'abord parce que les niveaux supérieurs occupent déjà passablement ces champs. Ensuite, parce que les citoyens sont victimes d'un matraquage médiatique destiné à les convaincre qu'ils sont prêts à payer plus cher pourvu que ce soit sous forme de tarifs versés à l'entreprise privée, mais que toute taxe est de trop. C'est d'ailleurs un des arguments qui servent le plus à imposer les PPP.

Dans ce contexte, les municipalités perdent tout espoir dans leur recherche de fonds. Elles se lancent donc dans toutes les opérations de financement possibles : vente d'eau, petits barrages, etc., afin de compenser leur manque à gagner. Cette mise en vente des ressources collectives est une catastrophe dont la source se retrouve dans le sous-financement des municipalités. La Loi 62 vient aider les municipalités à aller plus loin dans la mise en vente des lambeaux de notre environnement qui avaient encore échappé à la commercialisation mercantile.

On va encore saigner Hydro

Les municipalités vont désormais pouvoir se lancer dans l'exploitation de l'énergie. À ce jour, neuf municipalités produisent ou vendent de l'énergie à leurs citoyens. Ces municipalités, comme la Ville de Sherbrooke, avaient des centrales de production d'électricité, la plupart du temps au fil de l'eau, qui produisaient suffisamment pour fournir les besoins des citoyens. Ces municipalités pourront privatiser la gestion de la production d'énergie à partir des matières résiduelles ou de l'assainissement des eaux.

Désormais, toutes les municipalités vont pouvoir se lancer également dans les petits barrages. Elles pourront le faire avec la collaboration d'Hydro-Québec. « Hydro doit fournir, en tout temps, au moins la moitié de l'apport au fonds commun de la société en commandite et en être le commandité. » (Projet de Loi 62 [3]).

Donc, à la demande d'une municipalité, voici qu'Hydro, qui déclarait ne pas être compétent pour ce faire, va se lancer dans la mise en service de petits barrages pour le bénéfice des municipalités. On va utiliser les fonds d'Hydro pour financer des projets pour faire faire de l'argent à certaines municipalités. Évidemment, les modalités seront précisées plus tard, mais le principe que l'argent des tarifs d'Hydro puisse servir, à la demande, à des projets municipaux semble une très mauvaise idée si on veut garder ces tarifs raisonnables – mais le veut-on vraiment ?

L'environnement entre de bonnes mains

Toute municipalité pourra dorénavant adopter des règlements sur l'environnement. Elle peut aussi subventionner la réhabilitation de certains édifices qui sont propriété privée, jusqu'à concurrence des coûts. En fait, on trouve un volet assez effrayant dans cette loi : les fiducies d'utilité publique, le financement d'entreprises en démarrage et le soutien à la réfection d'édifices en mauvais état. De là à ce que des promoteurs proches du pouvoir se fassent subventionner une nouvelle entreprise, laquelle décide de faire en PPP la réfection des édifices laissés sciemment à l'abandon par d'autres amis ou possiblement les mêmes mais à travers d'autres entreprises, il n'y a qu'un pas.

Les municipalités vont pouvoir donner des contrats pour construire ou exploiter des installations pour la provision d'eau potable ou le traitement des eaux usées. Il est à noter qu'elles peuvent déjà le faire. Ces contrats pourront s'étendre sur une durée allant jusqu'à 25 ans, ce qui engage les élus à venir et, en grande partie aussi, les futurs contribuables. De tels contrats seront approuvés par le gouvernement. La loi ne précise pas si

---

3. D'après le préambule du projet de loi et les fonctionnaires du ministère, la Loi 62 ne serait qu'une synthèse d'un ensemble de lois municipales existantes. Cette loi ne contiendrait rien de nouveau. Pourtant, cet article sur les projets en collaboration avec Hydro est totalement nouveau.

c'est la nouvelle Agence des PPP ou le ministre qui donne son approbation. Avec les changements apportés à la Loi 61, c'est probablement le ministre qui devra le faire, mais les modalités d'exécution demeurent vagues.

La municipalité peut aussi décider de passer des ententes spéciales avec des entreprises consommant des quantités d'eau « hors de l'ordinaire ». C'est donc dire que la municipalité gère les conflits d'usage et ceci en fonction d'intérêts restreints. Avec l'approbation du ministre, la municipalité peut donner des contrats clés en main pour l'assainissement des eaux usées. Étonnamment, ces contrats clés en main sont définis exactement comme les PPP : concevoir, réaliser, financer et opérer. Cependant, ils échappent à la nécessité faite aux contrats de l'article 25 d'avoir l'approbation des citoyens. La municipalité peut aussi laisser l'exploitation de ces actifs à l'entreprise privée pour une durée qui doit être d'au moins cinq ans. Bref, le gouvernement s'est bien assuré de protéger les entreprises.

De plus, les municipalités pourront faire financer ces ouvrages par le privé. Comme le financement du privé coûte plus cher que ce que peut obtenir le secteur public en général et que, de plus, l'entreprise privée prend une commission sur ces coûts de financement avant de les reverser aux clients (cela s'appelle l'effet levier), c'est-à-dire aux municipalités, les citoyens vont encore payer plus cher. Mais les municipalités vont ainsi faire ce qu'on appelle du financement hors bilan, puisque la dette n'apparaîtra pas dans leurs livres et que les paiements seront des frais liés à l'eau et non pas au service de la dette. Ce qui permettra de conclure en disant que l'eau coûte cher et que les citoyens gaspillent.

La procédure encore une fois est simple : créer une psychose dans le public par rapport à la dette, ce qui rendra les contribuables prêts à payer beaucoup plus cher, pourvu que ça ne s'appelle pas une dette.

6.5.2. L'exemple français

Le transfert de certains pouvoirs vers les municipalités a aussi eu lieu en France. Cette décentralisation a donné le feu vert aux promoteurs de toutes catégories. Si le gouvernement central, plus important, mieux outillé et mieux surveillé succombe aux pressions de la grande entreprise, que peuvent faire des gouvernements beaucoup plus petits, moins bien outillés et désespérément à la recherche de financement, d'emplois pour leurs citoyens, et donc de développement économique ? Les gouvernements supérieurs signent les ententes internationales néfastes et les maires des municipalités voient les usines fermer sur leur territoire.

La Générale des eaux (Veolia) et la Lyonnaise des eaux (Suez) se sont allègrement engouffrées dans cette brèche.

Le cas de corruption le plus connu est celui de Grenoble. La Lyonnaise avait donné des montants importants au maire pour obtenir la concession du service d'aqueduc pour 25 ans. Le maire a été emprisonné et, quelques années plus tard, la ville a repris son service d'eau dont les prix avaient énormément augmenté.

Le maire de Lyon avait bénéficié du soutien électoral d'une organisation financée par la Lyonnaise. Le gendre du maire, qui se faisait payer des études inexistantes par la ville, s'est aussi retrouvé derrière les barreaux.

Le maire de Colmar n'est pas allé en prison, mais le contrat que sa ville avait signé avec la Lyonnaise a été invalidé par un tribunal administratif, car il avait manipulé les chiffres. Il avait majoré les chiffres présentés par le compétiteur, Saur, afin que le vote se fasse comme il le voulait.

Bordeaux a concédé son service d'eau à la Lyonnaise, sans appel d'offres. Les prix ont augmenté de 40 % entre 1992 et 1994.

La Générale des eaux, maintenant Veolia, a une feuille de route à peu près équivalente en terme de corruption d'élus municipaux, de contrats obtenus sans appel d'offres et de reprise de possession pour prix trop élevés ou services défaillants :

> Bien entendu, la Générale a pratiqué les mêmes manipulations et dessous-de-table, mais plus discrètement, sans préférence politique bien marquée. En 1989, Daniel Chevallier, maire socialiste de Veynes, dans les Hautes-Alpes, avait passé un contrat d'affermage avec la Générale des eaux, qui a tout de suite été dénoncé

comme scélérat par la population et donc boycotté par le non-paiement des factures. Le maire a été tellement embarrassé par la vigueur de l'opposition qu'il a dû dénoncer le contrat l'année suivante et payer un dédit de 3 150 000 francs à la Générale des eaux. Un dédit annulé à son tour l'année suivante par le tribunal administratif, car effectué sans la moindre facture ni justificatif. (Cans, 2001, p. 148)

Finalement, le gouvernement français a dû intervenir pour assainir les pratiques dans le domaine de l'eau. Il ne faudrait pas laisser la même chose arriver ici, car tous ces contrats annulés coûtent extrêmement cher aux contribuables. Il vaudrait mieux ne jamais les avoir octroyés.

Chapitre 7

Conclusion

L E PREMIER MINISTRE Jean Charest faisait, à la radio, le constat de son échec à diriger le Québec. Sa conclusion, devant sa propre incapacité, était qu'il allait éliminer l'État au lieu de s'éliminer lui-même.

> Le Québec, et c'est vrai aussi pour le Canada, est très en retard sur l'ensemble des pays développés pour ce qui est des partenariats public-privé. Et si on veut développer le Québec, j'aimerais bien qu'on me dise comment le faire autrement. Parce qu'on ne peut pas s'endetter davantage, on ne peut pas taxer les gens davantage. À moins que les gens qui sont contre les PPP disent : taxer plus la population. Moi, là-dessus, je pense que la classe moyenne en paie déjà suffisamment, on n'a pas besoin d'en rajouter, on est les plus taxés en Amérique du Nord. Et moi, si je veux développer le Québec, je pense que c'est une bonne formule et puis on a l'intention de la mettre en place, non pas de façon dogmatique, en passant, parce que, quand on choisit d'aller voir ce qui se passe ailleurs, c'est pour en tirer le maximum...(Jean Charest, cité par CSD, 2004, p. 6)

Pour commencer, étudions le concept de retard. On nous répète partout que le Québec est très en retard sur le plan de la mise en place de PPP. Pour être en retard, encore faut-il aller au même endroit. Or, sans consulter les Québécois, le gouvernement a décidé que c'est là que nous devions aller, parce que cela constituerait un « sens de l'histoire », un passage obligé auquel nous ne pourrions nous soustraire et ne pourrions qu'acquiescer passivement. Mais il y a un avantage à être en retard, c'est celui de pouvoir observer les résultats ailleurs. En l'occurence, ailleurs, il semble qu'on en revienne, surtout dans des domaines stratégiques essentiels comme celui de l'eau. Pourquoi devrions-nous obligatoirement répéter les erreurs qui se sont faites ailleurs ? Quant à la capacité de nos gouvernants d'éviter ces erreurs, nous restons plus que sceptiques. Les PPP vont servir à transformer le Québec en SNC-Lavalinland tout simplement parce que c'est le but de ce processus.

Une question reste en suspens, posée à notre Premier ministre : en quoi faire assurer les services publics par des entreprises privées va développer le Québec ? Les services publics en question existent déjà et ont atteint la limite des client potentiels. En créant des tarifs supplémentaires, tout ce qu'on peut attendre est une attrition de cette clientèle, donc un retour en arrière sur le niveau de développement. Ensuite, ces partenariats, qui ne réduiront aucunement les tarifs pour ces services, vont transformer des salaires et des avantages sociaux en chômage et en profits. Car si le nombre d'employés diminue et les tarifs ne diminuent pas (répétons-le, il n'y a aucun exemple de diminution), tout ce qu'on a fait est de transformer des salaires en profits – or les salaires touchent plusieurs personnes et les profits se concentrent entre les mains de quelques-unes. Quel est l'avantage pour le citoyen d'opérer un tel changement ? Aucun, puisqu'il devra soutenir ceux qui ont perdu leurs emplois, en plus de payer plus cher pour un service dont la qualité a toutes les chances de se dégrader. Il n'y a donc aucun développement dans cette perspective, mais plutôt le contraire, c'est-à-dire une diminution des activités.

Le Premier ministre continue en disant que nous ne pouvons pas nous endetter et taxer davantage. Pourtant, tout le monde s'accorde à dire que les PPP vont coûter plus cher et notamment au chapitre du financement. Ainsi doit-on comprendre ce que le Premier ministre dit : « Comme nous ne pouvons plus montrer de nouvelles dettes, nous allons les cacher et comme nous ne pouvons plus instaurer de nouvelles taxes, nous allons les transformer en tarifs payés à des compagnies. » Mais comme les partenariats sont, la plupart du temps, payés par le gouvernement qui demeure responsable de collecter les sommes auprès de la population, il va devoir faire ses petites manipulations lui-même. Les citoyens vont bien finir par se rendre compte qu'ils paient plus cher pour le même service, même si ces coûts ne s'appellent plus taxes, mais tarifs, sous une forme ou une autre.

Nous sommes les plus taxés en Amérique, ajoute-t-il. Cela dépend de *qui* est inclus dans ce nous. Au niveau des personnes physiques, nous sommes effectivement passablement taxés. En revanche, tous les chiffres, y compris ceux produits par ce gouvernement, montrent que les entreprises sont très peu taxées chez nous. Il y a peut-être de la place pour des impôts supplémentaires de ce côté-là, en prenant bien soin de ne pas les faire porter sur la masse salariale, comme c'est le cas présentement.

Ce n'est pas en développant de nouvelles entreprises parasites de l'État que nous allons développer le Québec. Un des problèmes que nous avons est justement que tous les hommes d'affaires prospères, au Québec, ont fait leur argent les deux mains dans les coffres de l'État. Si l'entreprise privée est si performante, n'hésitons pas à la priver des fonds de l'État. Depuis le commencement de Québec Inc., vers le début des années 1960, l'État n'a pas arrêté de créer et de soutenir les entrepreneurs de toutes sortes pour montrer que les Québécois francophones étaient capables de faire des affaires. Il y a longtemps qu'ils sont tous partis avec la caisse sans renvoyer l'ascenseur. Aujourd'hui, ils veulent faire main basse encore plus largement sur les fonds publics avec la complicité de leurs amis au pouvoir.

Quand le Premier ministre conclut à l'absence de dogmatisme dans sa démarche, on ne peut que sourire. Il accuse alors de dogmatisme ceux qui s'opposent à lui, rejetant leurs arguments au rang des intérêts corporatistes. Il est désespérant de voir que les profiteurs de l'État, et ceci à coups de centaines de millions, osent venir accuser les syndicats de nuire au développement du Québec pour garder leurs cotisations. Ils montrent aussi, ce faisant, un des buts de cet exercice, c'est-à-dire la désyndicalisation d'une partie de la fonction publique. Pourquoi les dirigeants d'entreprise, les vrais dirigeants du Québec tant que des gouvernements néolibéraux y sévissent, laisseraient-ils les travailleurs les concurrencer dans la distribution des fonds de l'État ?

En ne taxant pas les entreprises et en augmentant les coûts des services publics pour l'État, le gouvernement Charest va faire exactement le contraire de ce qu'il dit, il va augmenter le stress fiscal du gouvernement et le forcer à imposer encore plus la classe moyenne. Mais, en transformant ses taxes en tarifs, il taxe de plus en plus la classe moyenne inférieure, voire carrément les pauvres. Si c'est le seul moyen que le Premier ministre a trouvé pour développer le Québec, nous croyons, au risque de nous répéter, qu'il devrait avoir le courage de démissionner devant son incapacité à remplir son mandat.

> Oui, nous avons plus de fonctionnaires provinciaux au Québec qu'en Ontario, mais ceux-ci assument des tâches qui relèvent de la compétence des municipalités dans les autres provinces canadiennes. Oui, nous sommes plus taxés, mais nous en avons plus pour notre argent que les contribuables de l'Ontario, la province la plus riche, parce que nous av[i]ons un régime de prêts et bourses, parce que nous avons des garderies à 7 $ par jour, parce que nous avons un régime d'assurance médicaments qui permet à la plupart des gens non couverts par une assurance privée de n'avoir pas à choisir entre manger et se soigner, parce que les tarifs d'électricité ont été gelés pendant plusieurs années, parce que les titres de transport en commun, bien que de plus en plus chers, demeurent bien en deçà de ce qui est payé dans les provinces voisines, parce que nous avons une certaine forme de contrôle du prix des loyers au Québec, le logement n'étant pas considéré socialement comme une pure marchandise, et la liste est très incomplète. (CSD, 2004, p. 13)

On compare des morceaux de gestion, mais on ne nous dit jamais comment les gens vivent dans la région comparée. Par exemple, on nous répète à satiété que l'Alberta n'a plus de dette (ce qui n'est pas totalement vrai, puisque ce qu'ils ont c'est un fonds qui couvre le montant de la dette ; or, symptomatiquement, bien qu'ayant les fonds, ils ne l'ont pas payée ; il doit bien y avoir une raison). Mais, l'Alberta, avec le pétrole, a connu des conditions économiques particulièrement favorables. Elle est la seule entité politique à ne pas avoir de dette. C'est probablement parce que ce n'est pas facile à réussir et peut-être n'est-ce pas souhaitable dans une situation normale. Alors arrêtons les comparaisons oiseuses qui ne disent qu'une faible partie de ce qu'est la situation et prenons nos décisions de citoyens à partir de ce que nous voulons comme société et en fonction des moyens qui s'offrent à nous. Ce qui ne nous empêche pas de regarder ce qui se fait ailleurs, il s'agit simplement de ne pas appliquer des lambeaux de politiques établies dans des contextes qui n'ont rien à voir avec le nôtre.

Quand on élimine l'appareillage discursif, les enjeux apparaissent clairement. Il existe un secteur qui, jusqu'à présent, était considéré comme peu rentable, celui des services publics. De nouvelles façon de gérer, en utilisant l'État comme écran et les médias comme moyen de manipulation des citoyens, permettent maintenant de générer des profits très importants à partir des services publics. Ces nouvelles pratiques administratives, qui rendent l'État imputable envers les entreprises (regardez les attaques incessantes du Conseil du patronat ou de la Chambre de commerce envers la gestion de l'État) assujettissent les gouvernements au contrôle par les entreprises et permettent à ces dernières de vider le Trésor public sous de fausses représentations.

Les citoyens n'ont plus d'autre choix que de prendre le maquis dans leur propre société et de soutenir la production d'un contre-savoir qui va s'opposer au discours officiel, y compris celui qui sévit à l'université, qui colonise les citoyens au bénéfice de l'entreprise. C'est exactement le projet de la collection « Futur Proche ».

Bibliographie

AGHION, P. et TIROLE, J., « Formal and Real Authority in Organizations », *Journal of Political Economy*, n° 105, p. 1-29, 1997.

ASSC (Accounting Standard Steering Committee), « The Corporate Report », The Institute of Chartered Accountants of England and Wales, 1975.

ALCHIAN, A.A., DEMSETZ, H.S., « The Property Rights Paradigm », *The Journal of Economic History*, n° 33, p. 16-27, 1973.

AHQ (Association des hôpitaux du Québec), « Mémoire sur le projet de loi n° 61 », AHQ, Montréal, 2004.

APIGQ (Association professionnelle des ingénieurs du Gouvernement du Québec), « Projet de loi n° 61, Loi sur l'Agence des partenariats public-privé du Québec », APIGQ, Québec, 2004.

APTS (Alliance du personnel professionnel et technique de la santé et des services sociaux), « Mémoire devant la Commission parlementaire sur la Loi n° 62 », APTS, Québec, 2004.

ASRSQ (Association des services de réhabilitation sociale du Québec), « La privatisation des prisons », ASRSQ, Montréal, 2004.

—, « Position de l'ASRSQ au sujet de la privatisation d'un centre de détention en Montérégie », ASRSQ, Montréal, 2004.

Assemblée Nationale, « Projet de Loi n° 61 », Loi sur l'Agence des partenariats public-privé du Québec, Éditeur officiel du Québec, Québec, 2004.

BOYCKO, M., SHLEIFER, A. et VISHNY, R., « A Theory of Privatisation », *The Economic Journal*, n° 106, p. 309-319, 1996.

BOZEC, R., BRETON, G. et CÔTÉ, L., « The Performance of State-Owned Enterprises Revisited », *Financial Accountability & Management*, vol. 10, n° 4, p. 383-407, 2002.

BOZEMAN, B., *All Organizations are Public*, Jossey-Bass Publishers, San-Francisco, 1987.

BREITENFELLNER, Andreas, « Le syndicalisme mondial : un partenaire potentiel », dans J.D. Thwaites (ed.), *La Mondialisation*, Les Presses de l'Université Laval-L'Harmattan, Québec-Paris, p. 97-129, 2000.

BRETON, G. et TAFFLER, R., « Creative Accounting and Investment Analyst Response », *Accounting and Business Research*, n° 98, p. 81-92, 1995.

BRUNELLE, Dorval, « Libéralisme, néo-libéralisme et l'État de droit », dans J.D. Thwaites (ed.), *La Mondialisation*, Les Presses de l'Université Laval-L'Harmattan, Québec-Paris, p. 1-32, 2000.

Bureau des partenariats d'affaires, « Le partenariat d'affaires public-privé – Recueil de projets », Secrétariat du Conseil du trésor, Québec, 2003.

CANS, R., *La Ruée vers l'eau*, Gallimard, Paris, 2001.

CARNAGHAN, C., GIBBINS, M. et IKAHEIMO, S., « Managed Financial Disclosure : The Interplay Between Accountability Pressures », dans R. Munro et J. Mouritsen, *Accountability : Power, Ethos and the Technologies of Managing*, Thompson, p. 164-181, London, 1996.

CCPA (Centre canadien des politiques alternatives), « Funding Hospital Infrastructures ; Why P3s Don't Work and What Will », Ottawa, 2003.

CHOSSUDOVSKY, M., *Mondialisation de la pauvreté et nouvel ordre mondial*, Écosociété, Montréal, 2004.

CLARKSON, M.B.E., « A Stakeholder Framework for Analysing and Evaluating Corporate Social Performance », *Academy of Management Review*, vol. 20, n° 1, p. 92-117, 1995.

Commissaire au lobbyisme du Québec, « Mémoire du Commissaire au lobbyisme concernant le projet de loi n° 61 : Loi sur l'Agence des partenariats public-privé », Québec, 2004.

Commission d'accès à l'information du Québec, « Mémoire sur le Projet de loi n° 61, Loi sur l'Agence des partenariats public-privé du Québec », Commission d'accès à l'information du Québec, 2004.

Conseil du trésor, « Politique-cadre sur les partenariats public-privé », Gouvernement du Québec, Québec, 2004

CPQ (Conseil du patronat du Québec), « Pour réaliser un meilleur arrimage public-privé », CPQ, Montréal, 2004

CSD (Centrale des Syndicats Démocratiques), « Les PPP ou Pourquoi pas procéder autrement ? », CSD, Montréal, 2004.

CSN (Confédération des syndicats nationaux), « Mémoire de la CSN sur le projet de loi n° 61 », CSN, Montréal, 2004.

CSQ (Centrale des syndicats du Québec), « Partenariat public-privé ou Promotion du patrimoine public ? », CSQ, Montréal, 2004.

DEBRIE, Christian, « Refuser l'insécurité sociale », *Manière de voir*, n° 35, p. 14-16, Paris, 1996.

DECHOW, P., SLOAN, R. et SWEENY, A., « Detecting Earnings Management », *The Accounting Review*, vol. 70, n° 2, p. 193-226, 1995.

DEGRAAF, J.V., *Theoretical Welfare Economics*, Cambridge University Press, Cambridge, 1975.

EHRENREICH, Barbara, *L'Amérique pauvre*, Paris, Grasset, 2004.

FLEURY, E., « Enregistrement des armes à feu », *Le Soleil*, 29 novembre 2004, p. A3.

FLEXNER, K.F., *The Enlightned Society; The Economy with a Human Face*, Lexington Books, Lexington, 1989.

FRIEDMAN, M., « The Social Responsibility », dans T.L. Beauchamp et N.E. Bowie, *Ethical Theory and Business*, Prentice Hall, Englewood Cliffs, 1983.

GRAY, R., OWEN, D. et ADAMS, C., *Accounting and Accountability*, Prentice Hall, London, 1996.

HART, O., *Firms Contracts and Financial Structure*, Clarendon Press, Oxford, 1995.

IEDM (Institut économique de Montréal), *Les Partenariats public-privé : Une solution pour des services publics plus efficaces*, IEDM, Montréal, 2004.

JENSEN, M. et MECKLING, W., « Theory of the Firm : Managerial Behavior, Agency Costs, and Ownership Structure », *Journal of Financial Economics*, n° 3, p. 305-360, 1976.

JULIEN, Claude, « Vers l'explosion des mots piégés », *Manière de voir*, n° 35, p. 19-20, Paris, 1996.

KAUFMAN, A., ZACHARIAS, L. et KARSON, M., *Managers vs. Owners*, Oxford University Press, New-York, 1995.

KORTEN, D., *When Corporations Rule the World*, Kumarian Press, East Hartford, 1995.

LAFFONT, J.J. et TIROLE, J., *A Theory of Incentives in Procurement and Regulation*, MIT Press, Cambridge, 1994.

LATOUCHE, Serge, *Décoloniser l'imaginaire*, Parangon, Paris, 2003.

LEHMAN, C., *Accounting's Changing Role in Social Conflict*, Markus Wiener Publisher, New-York, 1992.

LINDHOLM, C.E., *The Accountability of the Private Enterprise : Social Accounting for Corporations*, Marcus Wiener Publisher, New-York, 1984.

LOBINA, E., et HALL, D., « UK Water Privatisation – A Briefing », Public Services International Research Unit (PSIRU), London, 2001.

MARTIN, Hans-Peter et SCHUMANN, Harald, *Le Piège de la mondialisation*, Solin-Actes Sud, Arles, 1997.

Ministère des Finances, Budget 1996, Éditeur officiel du Québec, Québec, 1996.

NAO (National Audit Office), « Refinancing the Public Private Partnership for National Air Traffic Services », NAO, London, 2004.

—, « The Operational Performance of PFI Prisons », NAO, London, 2003.

NISKANEN, W.A. *Bureaucracy and Representative Government*, University of Chicago Press, Chicago, 1971.

NITTERHOUSE, D., « The Behavioral Effectc of Reporting Requirements », dans G. Siegel et H. Ramanauska-Marconi, *Behavioral Accounting*, South-Western Publishing Co., p. 383-399, Cincinnati, 1989.

PESTINAU, Joseph. « Blocs économiques et libéralisation du commerce », dans J.D. Thwaites (ed.), *La Mondialisation*, Les Presses de l'Université Laval-L'Harmattan, p. 76-93, Québec-Paris, 2000.

Polaris Institute, *The Final Frontier : A Working Paper on the Big 10 Global Water Corporations and the Privatization and Corporatization of the World's Last Public Resource*, The Polaris Institute, Toronto, 2000.

ROUILLARD, Christian *et al*, *La Réingénierie de l'État. Vers un appauvrissement de la gouvernance québécoise*, Les Presses de l'Université Laval, Québec, 2004.

SEN, A., *Un nouveau modèle économique : développement, justice, liberté*, Odile Jacob, Paris, 2003.

SFPQ (Syndicat de la fonction publique du Québec), « Une agence au service du bien public ou d'intérêts privés », SFPQ, Québec, 2004.

SHOCKER, A.D. et SETHI, S.P. , « An Approach to Incorporating Social Preferences in Developing Corporate Action Strategies », dans S.P. Sethi, *The Unstable Ground : Corporate Social Policy in Dynamic Society*, Melville Publishing, p. 67-80, 1974.

SMITH, T., *Accounting for Growth*, Random House, London, 1992.

SPGQ (Syndicat des professionnelles et des professionnels du gouvernement du Québec), « Les PPP : un terrain miné », SPGQ, Québec, 2004.

STOLOWY, H., et BRETON, G., « Accounts Manipulation : A Literature Review and Proposed Conceptual Framework », *Review of Accounting and Finance*, vol.3, n° 1, 2004.

STRICK, J.C., *Canadian Public Finance*, Holt, Rinehart and Winston, Toronto, 1973.

TYPGOS, M.A., « Toward a Theory of Corporate Social Reporting, A Comment », *The Accounting Review*, p. 977-989, 1977.

UMQ (Union des municipalités du Québec), « Mémoire présenté à la commission des finances publiques sur le projet de loi n° 61 », UMQ, Montréal, 2004.

WILLIAMSON, O., *Markets and Hierarchies : Analyses and Antitrust Implications*, Free Press, New York, 1975.

WOOD, D., *Business and Society*, Scott, Foresman/Little, Brown, Hugues Education, Glenview, 1990.

Table

CET OUVRAGE A ÉTÉ IMPRIMÉ EN OCTOBRE 2005 SUR LES
PRESSES DES ATELIERS DE L'IMPRIMERIE GAUVIN POUR LE
COMPTE DE LUX, ÉDITEUR À L'ENSEIGNE DU CHIEN D'OR

Il a été composé avec LaTeX, logiciel libre,

par

Sébastien MENGIN et Claude RIOUX

La correction des épreuves a été réalisée par Marie-Aude BODIN.

Lux Éditeur
c.p. 129 succ. de Lorimier
Montréal, Québec
H2H 1V0

Diffusion et distribution au Canada : Prologue
Tél. : (450) 434-0306 – Fax : (450) 434-2864

Diffusion en France : CEDIF
Distribution : DNM / Distribution du nouveau monde
Tél. : 01.43.54.49.02 – Fax 01.43.54.39.15

Imprimé au Québec